「ゲームデザイナーとしての教師」による
ゲーム・ボール運動・球技の指導

国際的な視点から
日本のボール運動・
球技指導を
再検討する

鈴木直樹
カレン・リチャードソン
［編］

創文企画

はじめに

本書は、体育におけるゲーム中心の指導アプローチ（Game Based Approach: 以下、GBA）を実践する上で、ゲームデザイナーとしての体育教師の為の書籍となっています。GBA を初めて学ぶ読者にも、GBA をすでに経験している読者にも、子供の多様なニーズを満たすためにゲームをどのように修正しなければならないかについて、詳細な説明と事例を提供しています。伝統的なゲーム・ボール運動・球技では軽視されがちであった公平性とインクルージョンにも焦点を当て、今日の学習者のニーズに応えるために GBA をどのように活用するのがベストなのか、日本のみならず世界中から研究者を招き、その視点を提供してもらいました。

GBA の概念は、1982 年にバンカーとソープによって確立された Teaching Games for Understanding（TGfU）モデルとして紹介されました。TGfU モデルは世界中で修正され、現在では TGfU から派生した Tactical Games Model や Game Sense など、GBA と総称される教授学的モデルが数多く存在しています。GBA は、体育のスポーツ指導やコーチングの設計や実施に情報を提供する有意義なモデルとして、世界中の実践者や研究者から注目を集めています。GBA では、子供が修正されたゲームをプレイしながらゲームのコンセプトを理解し、学習プロセスの一環としてゲームで生じる課題解決を経験することに焦点が当てられます。GBA での学習に不可欠なのは、ゲームのルール、用具、スペース、得点の変更など、ゲーム条件を子供の発達レベルや意図する学習成果に合わせて変更することです。そのため、教師は、学習プロセスの重要な一部として、修正されたゲームをデザインできなければなりません。

そこで、本書は、子供が積極的にゲーム参加して学び深めることができる指導ができるように、教師やこれから教師になっていく人がゲームデザイナーとしての役割を再考する機会を提供する具体的な理論と実践の視点を読者に提供することを目的としています。第 1 章では、ゲーム指導における改革を探り、ゲームにおける子供の学習と GBA の具体的な構成について説明します。第 2 部では、教師の役割の再検討、ゲームデザインの基本原則の紹介、GBA を使用したゲームプレイ中の教師の行動の理解を通して、ゲームデザイナーとしての教師の指導を探求します。第 3 部では、特定のゲームタイプ（的当て型、ネット型、ゴール型、ベースボール型）について、ゲームデザインの具体的な例を示します。具体的な例示では、修正されたゲームの構成に重要な枠組みを提供します。第4部では、公平・公正な学習のための指導と評価について説明します。学年、技能レベル、性別、障害の有無にかかわらず、子供のニーズを満たすための指導方略が含まれています。

なお、本書では、小・中・高の体育・保健体育におけるゲーム・ボール運動・球技における指導を対象としており、これを総称して「ゲーム指導」として表記することにします。

本書が、読者の皆様が、ゲームデザイナーとしての教師となり、子供たち一人一人がゲームの楽しさを味わいながらよりよく学び深めていく体育授業づくりの一助となれば幸いです。

2024年4月

編者：Karen Richardson

「ゲームデザイナーとしての教師」による
ゲーム・ボール運動・球技の指導

CONTENTS

第１部

ゲーム指導改革の方向性

第1章

新時代のゲーム指導

鈴木直樹（東京学芸大学）

1. はじめに

1998 年の小学校学習指導要領の中学年の内容でバスケットボール型ゲーム、サッカー型ゲームという表記がなされ、スポーツ種目を教えていた体育からの大きな変化をもたらしました。そして、2008 年には小中高等学校のゲーム・ボール運動・球技の内容からスポーツ種目名が削除され、ゴール型、ネット型、ベースボール型というように表記されるようになりました。これは、Teaching Games for Understanding で示される Invasion Games, Net/Wall Games, Striking / Fielding Games と同様の分類といえます。

2020 年、私たちはコロナウィルスの感染拡大によって人との接触が制限される生活を余儀なくされました。正直なところ、コロナウィルスがニュースで取り上げられるようになった時、すぐに収束して元通りになると思っていました。しかし、その状態はなかなか改善せずに、日常が戻りつつあるのに 3 年間も要することになります。まさに、現代が予測困難な時代であることを痛感しました。このような状況下において、持続可能な社会を実現するためには、子供たちが主体的に目標を設定し、自己の責任を持って行動する力を身に付ける必要があります。そこで、現代の教育で求められているのは、予測困難な社会を生き抜いていくための資質・能力の育成ともいえます。すなわち、子供たちが教師の決まりきった指導や指示をそのまま受け入れるのではなく、未知なる環境の中を自力で歩みを進め、責任をもって進むべき方向を自分で見出すことの大切さが強調されています（鈴木, 2021）。教育の目標は、単に知識や技術を獲得することだけではなく、未知の状況に対応し、自ら考えて行動する力を培うことにもあります。

ところで、「令和の日本型学校教育の構築を目指して（答申）」（中央教育審議会, 2021）では、日本型学校教育とは、子供たちの知・徳・体を一体で育むものとされています。そして、「令和の日本型学校教育」を「全ての子供たちの可能性を引き出す、個別最適な学びと協働的な学び」（中央教育審議会，2021）としています。また、答申の中でもOECD（2019）が発表している「学びの羅針盤2030」が取り上げられ、子供たちがウェルビーングを実現していくために自らが主体的に目標を設定し、振り返りながら、責任ある行動がとれる力を身に付けることが重要であることに言及しています。これは、効率よく与えられた課題を遂行することで、知識・技術を獲得することを目指すというよりも、自ら課題を設定し、課題解決していく中で知識・技術を構成していくという考え方に立っていると思います。

では、「ボールゲームの授業づくりの学習成果」というとどのようなものが頭に浮かぶでしょうか。「ボールを操作する技能」とか、「ボールを持っていない動き」の向上や戦術理解といったものがイメージされやすいのではないかと思います。しかし、そのようにイメージされた学習成果は結果としての表象であり、「令和の日本型学校教育」から考えてみると、それらが学ばれるプロセスで発揮される力としての資質・能力を学習成果として捉えていく必要があると思います。すなわち、知識や技術のように「見える学力」以上に、資質や考え方のような「見えない学力」に注目する必要があると思います。「令和の日本型学校教育」では、その実現の鍵として、Society5.0時代のICT利活用があげられていますが、ICTが「見えない学力」を学習成果として教師や子供に提供することを可能にするからであると考えます。自己・他者・モノとの関わりを大切にし、身体活動を中心にして学び深めていく体育は「日本型学校教育」を実現する上で最適な教科と言えると思いますが、その体育を「令和の日本型学校教育」としてデザインする為に、ICTは大きな役割を担うといえます。

そして、これまでの経験や教育の経験からつくり上げられている「見える学力」に注目してしまうマインドセットから大変革していく上で、ICT利活用を考えていかなければなりません。

2.　ボールゲームの授業づくりの方向性

学習指導要領におけるボールゲームの内容は、第3学年及び第4学年以降の内容を「ゴール型（ゲーム）」「ネット型（ゲーム）」「ベースボール型（ゲーム）」として示しています。これは、子供たちが生涯にわたって様々なスポーツに関わると予想されることから、特定の運動種目ではなく、攻守の特徴や「型」に応じた特性や魅力に触れながら、共通する動きや技能を系統的に身につけるという視点から整理されたものです（文部科学省, 2010）。このように日本におけるゲーム・ボール運動・球技の学習は、種目中心の考え方から内容中心の考え方に転換してきています。この転換に大きな影響を与えたのは、1982 年に Bunker & Thorpe（1982）が提唱した「Teaching Games for Understanding（TGfU）」でしょう。TGfU は、その後、Play Practice、Tactical Games Model, Games Concept Approach, Game Sense などの指導方略へと派生していきます。日本と同様に多くの国々が、技術中心の指導からゲーム中心の指導を体育カリキュラムの考え方に反映させていることからも、世界共通の潮流ともいえます。このようなゲーム中心の指導をまとめて、Game-Centered Approach とか、Game-Based Approach という言葉が使われてきましたが、2020 年 9 月 26 日に開催された「Developing Future Game-Centered Approach」をきっかけにして用語使用に関する議論がなされました。この議論は大変興味深くゲーム学習の中心は何かについて熱い意見交換が行われました。「学習者」なのか？それとも「ゲーム」なのか？について議論され、学習者が中心となる（Learner-Centered）という教育学の考え方が支持されましたが、この考え方に基づき、ゲーム中心の指導を考えた際には、Game-Based Approach という用語の方が、ゲームへの幅広い参加を通じて学習者が学習プロセスの中心となることが象徴されていると判断され、2021 年に TGfU SIG は Game-Based Approach（GB）を統一した用語として使う公式の合意声明を発表しました（TGfU SIG, 2021）。

また、私は、世界中からオンラインミーティングシステムに参加者を集めてグローバル授業研究会を実施してきましたが、ここでは日本の授業実践を映像で共有し、それを基に協議することを通して、より良い体育授業について考えてきました。この中では、日本の体育授業の中で当たり前のように行われる主運動の前に行われている準備体操への疑問や、男女別々のチームを作って授業を行うことに対する疑問などが海外の参加者から出され、積極的な議論がなされました。他にも、小学校で戦術的な学習を行うことに対する賛否などが提示され、それぞれの立場から考えが提示され、参加者は、ゲーム指導のあり方について深く考えることができたように思います。このような協議を通して考えたのは、「ゲームを成立させる為には最低限必要な技能がある」と考えがちな指導者側の価値観と、「技能差があるとゲームを楽しむことができない」と思い込みがちな指導者側の考え方への問い直しだったと思います。確かに、2017 年の中学校学習指導要領保健体育編、2018 年の高等学校学習指導要領保健体育編でも、「体力や技能の程度，年齢や性別及び障害の有無等にかかわらず，運動やスポーツの多様な楽しみ方を共有することができるよう配慮する。」とされており、インクルーシブな学び方が求められています。

3.　GBA の指導の基本的な考え方

Game-Based Approach（GBA）は、「ゲームはゲームの中でうまくなる」という考え方のもと、ゲームに参加する中で、仲間と共に協働的・対話的に学ぶことを通して課題を見出し、課題を解決し、ゲームを改善していくようなアプローチです。学びが転移し合い、深まっていく内容のまとまりとして「Invasion Games（ゴール型）」「Net/Wall Games（ネット型）」「Striking/Fielding Games（ベースボール型）」「Target Games（的あて型）」に分類され、種目の経験を学習とするのではなく、子供の実態に応じてゲームを修正して型ゲーム固有の面白さに触れながら学んだ戦術や技術を転移させて深化統合していくアプローチになっています。そこで、大切にされるのがゲーム修正になります。ゲームを修正する上で、高度なゲーム形式と同じゲーム構造を持ちつつ、発展可能性のあるゲームを提供し (プレーヤーの人数を減らしたり、用具の変更をしたりする)、スポーツ競技の種目として区分するのではなく、戦術的課題を体系化したゲームの区分により、目の前の子供に合わせたゲームに再構成する「発達適合的再現（Representation）」が大切です。また、子供たちが自ら気づき、学び深めるために、特定の戦術的課題を強調するように、ルールの変更をする「誇張（Exaggeration）」も大切になります。そして、ゲームを学習者の発達段階に合わせる必要があり、学習者の戦術的課題や戦術的理解が発展するにつれて、戦術的複雑性（Tactical Complexity）を増していくようなゲームにする必要があります。このようなゲーム経験を通して子供たちがゲームを振り返り、戦術的な気づきと理解を促す為に、教師は良質の発問をすることによって学びを促します。

4.　新時代のゲーム指導

2022 年は、TGfU が提唱されて 40 周年の記念の年であり、様々な行事が実施されてきました。その中で、私が中心に関わっているウェビナー・シリーズがありました。これは、ゲーム中心の授業づくりと関連するトピックについて取り上げたものになります。この中で、2022 年 4 月 23 日に日本の共同研究者たちに協力して頂き、”Using Technologies to Promote Game-Based Approaches” というウェビナーを実施しました。そこでは、ボールゲームの授業での様々な ICT の活用を紹介しました。具体的には、①ゲーム方法の映像による提示、②人工知能を活用した課題づくり、③ドローンで撮影した俯瞰映像を活用しての問題解決、④コミュニケーションを見える化した話し合い、⑤デジタルホワイトボードを活用した協働的評価、⑥学習成果を電子情報として記録し、保護者と共有するメディアポートフォリオ、といった具体的な実践が報告されました。2022年度に実施されたウェビナーは、15回以上あったと思います。そして、それらの録画映像がTGfU学会のホームページで紹介されています。その中でも、ICTを活用したゲーム中心の指導に関するウェビナーの録画は、再生回数が多く、他の映像の2倍以上の再生回数を記録しています。それだけ、ゲーム中心の指導におけるICTの利活用に世界中の実践者・研究者が注目をしているともいえます。

私たちは、いち早くゲーム指導におけるICT利活用に注目し、2012年頃から研究を継続的に続けてきましたが、その取り組みの中でもICTが「課題提示場面」「問題解決場面」「評価場面」において有効に活用できることを明らかにしてきました。特に、ボールゲームのようなオープンスキルを活用して学び深める授業では、「個別最適な学びと協働的な学び」を促す上で、個別最適な課題発見や課題解決において端末を利用して情報共有ができ、端末上で協働的に学び深めることが有効となります。タブレット端末がインターネットに接続し、仮想空間上で情報共有できるツールになることによってボールゲームの学びをより深いものにすることができます。

2022年6月には、（株）SOLIZEと協働してバドミントンのVRアプリを開発し、松戸市立松戸高校の瀬和真一郎先生に授業実践をして頂きました。このバドミントンのVRアプリでは、VRゴーグルをつけて仮想空間上でバドミントンの対戦をすることができます(写真1)。空気抵抗や重力、反発係数などを変えてゲームをすることができます。本実践では、東京、砂漠地帯、北極にゲーム会場を設定し、順番に移動してゲームを楽しみました。そのゲームを通して生徒はゲーム様相の違いに気づいていきます。気温や湿度が違うことによる空気抵抗の変化です。生徒は、シャトルの動きの違いからそのことに気づいていきます。そして、その気づきを基に、後半、物理の先生と共に、空気抵抗の性質について学び深めていきました。体育では、運動パフォーマンスと関連して物理学的な法則を活用することも多く、このように他教科と横断した学びもデザインが可能です。

また、デジタル空間は、環境を変化させることが容易にできます。そこで、自陣と敵陣の重力を変化させることも可能になります。その事により、ボールや

写真１　VR バドミントンをプレイする高校生

シャトルの動きを変化させることも可能になります。このような性質を生かして、ゲームが拮抗するように条件を変化させて学び深めていくようなアダプテーションゲームも容易に実施することが可能になります。以上のように、個別最適なゲーム修正を簡単にすることが可能です。これも新時代のゲーム指導の一つといって良いと思います。

5.　新たなゲーム指導のカタチを目指して

新時代のゲーム指導において、教師のマインドセットを変革することが重要です。新しい時代のゲーム指導は、従来の風景とは異なります。異なる志向や技能レベルを持つ子供たちが共に力を出し合い、違いを受け入れながら、ゲームを楽しみます。彼らは知恵を出し合い、ゲームをさらに面白く発展させるために学びを深めていきます。

ICT の活用も重要になってくるでしょう。例えば、ゲームの戦術やチームワークを学ぶために、仮想現実（VR）や拡張現実（AR）を活用したシミュレーションゲームを導入することもあるかもしれません。また、オンラインプラットフォームやソーシャルメディアを利用して、子供たちがゲームに関する情報や意見を共有することも可能になり、思考プロセスや他者との学びあいのカタチにも変化できるでしょう。新時代のゲーム指導は、子供の学習上の資質・能力を育む為に、多様な社会的相互作用を通して、様々な違いを乗り越えて楽しみ、学び深めていくものになるでしょう。

【参考文献】

Bunker, D., & Thorpe, R., (1982). A model for the teaching of games in secondary schools. Bulletin of Physical Education, 18(1), 5-8.

中央教育審議会（2021）令和の日本型学校教育の構築を目指して（答申）

文部科学省 (2010) 学校体育実技指導資料第 8 集「ゲーム及びボール運動」，東洋館出版社

OECD (2019)OECD Future of Education and Skills 2030

鈴木寛（2021）未来を拓く新しい学び— 2030 年を見据えた“学びの羅針盤，新教育ライブラリ Premier Ⅱ，Vo.1

TGfU SIG (2021) Consensus Statement（http://www.tgfu.info/consensus-statement.html　参照日：2022 年 7 月 18 日）

第2章

ゲーム学習を促すテクノロジーの活用

Misti Neutzling（Bridgewater State University, USA）
（翻訳：鈴木直樹）

1. 学習環境を整え、子供たちの経験の質を高める。

教師は教えなくても子供を「マネジメント」することはできますが、マネジメントなしにゲームを「教える」ことはできません。安全で適切な環境を確立して維持することは、ゲーム中の子供たちの学習にとって非常に重要です。本章では、体育教師がどのように人間関係を大前提とした学習環境を確立することができるか、また、子供をマネジメントするためにテクノロジーを活用することの意義について論じたいと思います。

今日、かつてないほど、子供は帰属意識を持つ必要があります。体育教師が子供と強く前向きな関係を築くことで、有意義なつながりが生まれ、それが帰属意識を育み、より良いゲーム体験につながると言えます（Durden-Myers, 2023）。ある研究では、時間をかけて子供に興味、関心、注意を示す体育教師の学級では、子供たちが教師と積極的に関わる可能性が高く、子供たちの達成度も高いことが示されています（Wubbels Brekelmans, den Brok, Wijsman, Mainhard, & van Tartwijk, 2014)。ある体育教師が、「相手のレベルに合わせて適切にコミュニケーションをとる中で、子供に何事かを学んでいるように感じさせるように指導しましょう」（Durden-Myers, 2023）と主張しているように、体育教師は適切に子供とやりとりをすることで、教師の意図をかかわりの中で子供たちに転移させることができます。

ところで、現在の教育のトレンドは何か、そして教えられる世代の特徴は何かを深く理解することは指導する上で重要です。現在の小学生、中学生、高校生はZ世代（10歳～25歳）と呼ばれています。Z世代は、インターネットに週7日24時間アクセスできる最初の世代であり、テクノロジーを筆記用具のように使っているような世代です。したがって、ゲーム学習中の環境を管理し、向上させるためにテクノロジーを取り入れることは非常に重要と言えます。

2.　ゲームプレイを向上させるためのテクノロジー活用

体育におけるテクノロジーは、子供と関わる学習環境をマネジメントすると同時に、子供たちをあるレベルのパフォーマンスからより上位のレベルのパフォーマンスへと導く効率的なゲーム体験を提供することができます。

「Team Shake」と呼ばれる無料のスマートデバイスアプリケーションは、子供をランダムにグループやペアに編成することができます。Z世代は、ほしい情報に即時にアクセスできるような世界に住んでいます。例えば、子供たちは、すぐに面白いことに触れたい時にはTikTokの動画を見ます。また、数学の問題を素早く解きたいときは、巨大企業アマゾンの製品である音声操作のバーチャルアシスタント「アレクサ」に尋ねることができます。「Team Shake」は、すぐに結果を出すことができるため、この特徴に合致しています。クラス名簿はスプレッドシート（マイクロソフト・エクセルなど）から、または手動でアプリケーションにインポートすることができ、体育教師はクラスをグループ／ペア（3人グループ、4人グループなど）に迅速かつ簡単に割り当てることができます。これにより、ゲームプレイを通して子供の練習の試行回数を最大限に増やすことができます。体育教師がアプリケーションをプロジェクターに接続し、大きなスクリーンに表示することができれば、子供がどのチームに割り当てられたかを簡単に確認することができます。例えば､体育教師は「Team Shake」アプリケーションを使って､3対3の少人数制バスケットボールゲームを企画することができます。この写真（下図参照）では、赤チームは青チームと、緑チームは黄色チームと対戦することを示しています。さらに、子供の技能レベルを考慮してグループ編成するだけでなく、「Team Shake」は用具の管理にも使用できます。これは、1つの授業時間から次の授業時間への移行時間が短いため、特に役立ちます。例えば、青チームの子供はコーンを集

Picture/Figure 1: Team Shake
https://apps.apple.com/au/app/team-shake/id390812953
Copyright © 2020 Rhine-o Enterprises LLC

めて片付け、緑チームの子供はバスケットボールを集めるように分担することができます。同時に、他のチーム（赤、黄、ピンク、紫）は互いに褒め合うようにすることができ、お互いの帰属意識を高めることができます。

テクノロジーが世界を支配し続ける中、体育教師は、情動、認知、運動技能の内容領域で子供の学習を強化する可能性のある既存のテクノロジーを学ぶ努力をすることが重要です。人々がより良く世界とつながり、様々な状況や文脈の中でより成功するために、日々多くの技術が開発されています（Pasco, 2013）。

バーチャルリアリティ（VR）は、協働学習でうまく利用されている技術です（Monaham, McArdle, & Bertolotto, 2008）。2022 年には約 1 億 7,100 万人の利用者が見込まれており、世界中に普及しています。「バーチャルリアリティ環境とは、デジタル技術を使って作られた人工的な物理環境のことです。視覚、聴覚、その他の知覚刺激が、操作された一連の出来事の中に技術的に組み込まれ、それに対して人が反応することが期待されます」（Pasco, 2013, p.430）。子供の学習に対して VR を使用した教師の最近の研究では、子供のモチベーションの向上（Bird, Karageorghis, Baker, Brookes, 2020）、ゲームプレイ中の運動技能習得の増加（Levac, Huber, & Dagmar, 2019）、社会的感情学習の促進（Montgomery, 2016）、心配や恐れ（高所恐怖症など）の克服に役立つことが示されました（supportREALteachers.org から引用）。この写真では、セラピー・スマートアプリケーションを使用して、高所恐怖症のユーザーに VR ゴーグルを装着させ、アニメーションコーチ（アバター）が木から猫を救うなどの活動を通して高所恐怖症の克服に導いています。

Picture/Figure 2: VR therapy. oxfordvr
https://oxfordvr.co

体育の予算が少ない可能性があるため、Anatomyou、Final Kick、CoSpaces、YouTube、GoPro など、無料または低コストの VR ツール、アプリケーション、リソースがたくさんあるので、これらを活用するとよいでしょう。これらのアプリケーションは、小・中・高校の体育のゲーム中心の授業づくりに簡単に導入できます。また、VR ダンボールゴーグルは 500 円程度からありますし、VR ヘッドセットは 2000 円から 80000 円程度で購入が可能です。

2018年の研究では、子供に対するメリットとともに、VRシミュレーション体験を通して、体育教師になりたい人たちが生徒アバターとの関係構築を促すといった対人スキルを高めることが示されました。この研究では、Mursionという複合現実プログラムを使用しました。MursionはVRプラットフォームであり、専門家が社会的責任の高いキャリアにおいて社会的に効果的であるために必要な必須スキルを練習、学習、習得するためのものです。MursionのユニークなVRプラットフォームでは、職場でよく起こりうる高ストレスシナリオを再現し、人間の理性と人工知能の力によって駆動されるデジタルキャラクター（アバターなど）を使って、その対処法を練習することができます（Neutzlingら，2016）。

Picture/Figure 3: Mursion. Mursion, Inc. Product
https://www.seriousgamemarket.com/2017/06/serious-games-ai-place-prospective.html "Serious Game Market."

30年前なら、イマーシブな教育は先見の明がないと思われていたでしょうが、今では、その存在価値は高く、子供の体育の学習経験を高める方法といえるでしょう。

3.　ゲームプレイを分析するデジタル技術

学習環境が確立された後は、学習環境を維持し、ゲームプレイ中に子供の学習を導くためにデジタル技術を採用し続ける必要があります。ドローンは農業、救助活動、不動産の空撮などでますます普及していますが、スポーツの現場でも大きな人気を集めています。ドローンは鳥瞰図を提供し、新たな視点からゲームプレイを展開し、戦術的な解決策を見出すことを可能にします。このようなデジタル技術を活用することで、学習者はゲームプレイに関するより良い意思決定能力の開発に集中することができ、子供の経験を向上させることができます。ある研究では、ドローンを導入することで、体育教師になりたい人の問題解決能力が高まり、創造的思考が促進され、社会的相互作用が強化されたことが報告されています（Sheehy, Neutzling, Bohler, & Richardson, 2018）。

ドローンはもはや目新しいものではないため、価格は大幅に下がり、レクリエーションでの使用は60％以上増加しています。ドローンは体育館のスペース

Picture/Figure 4: Coach's Eye
https://www.tennistechie.com/coachs-eye
©Tennis Techie 2014 - Future

内でも、屋外のグラウンドでも飛ばすことができます。ドローンをパフォーマンス分析に使用する場合は、"Coach's Eye" のようなビデオ分析アプリケーションに映像をアップロードするのがベストです。

ドローンの映像から撮影され、Coach's Eye に取り込まれたこの写真は、バドミントンをプレーする 2 人のプレーヤーのゲームプレーを撮影したものです。ゲームプレイに先立ち、子供たちはスペースを作るという戦術的な問題を理解することに挑戦しました。子供たちは、相手のコートにスペースを作るために自分の体が動くべき方向を表す緑色の矢印を使って経路を描くよう求められました。また、相手コートでシャトルが着地すべき場所を表す赤い円も描かれました。Coach's Eye は、試合中の戦術的な意思決定の分析に加え、試合中の個々のスキルのパフォーマンスも分析できます。このアプリケーションには既存の模範となる動画が用意されており、体育科の授業における子供は対局モード機能を使って自分の動画を比較することができます（下図参照）。左の写真は、黄色の丸と緑色の方向矢印を使って正しい動きの習熟度を示す模範ビデオです。右の写真は、パフォーマー（子供）のビデオです。比較モード機能では、子供は模範演技と自分の演技を比較することができます。

このための最良の方法は、まず模範の接点を見つけ、次に子供の接点を見つけ、ビデオを「ロック」することであると示唆されています。一旦ロックされると、ユーザーはビデオの下にある「スクラブ」バーを使って、ビデオを前後方向に動かして、動作全体を通して各スキルキューを識別することができます（Neutzling & Tatro, 2021）。

Picture/Figure 5: Coach's Eye
https://www.tennistechie.com/coachs-eye
©Tennis Techie 2014 - Future

4. まとめ

体育教師は子供たちのためにゲーム体験をデザインする前に、まず学習環境を考慮すべきです。体育教師は、学習環境を管理するためにテクノロジーを活用しながら、子供との関係を構築するための努力を惜しんではなりません。学習環境が確立されたら、体育教師はゲームプレイ中に子供の学習経験を高めるためにテクノロジーを活用し続けるべきです。

【参考文献】

Bird, J. M., Karageorghis, C. I., Baker, S. J., & Brookes, D. A. (2019). Effects of music, video, and 360-degree video on cycle ergometer exercise at the ventilatory threshold. Scandinavian Journal of Medicine & Science in Sports, 29, 1161– 1173. https://doi.org/10.1111/sms.13453

Durden-Myers, L. (2023, January 24). Building Positive Teacher-Pupil relationships. PE Scholar. Retrieved March 31, 2023, from https://www.pescholar.com/insight/building-positive-teacher-pupil-relationships/

Levac, D., Huber, M. E., & Sternad, D. (2019). Learning and transfer of complex motor skills in virtual reality: a perspective review. Journal of Neuroengineering and Rehabilitation, 16(1). https://doi.org/10.1186/s12984-019-0587-8

Monahan, T., McArdle, G., & Bertolotto, M. (2008). Virtual reality for collaborative e-learning. Computers & Education, 50, 1339–1353. doi: 10.1016/j.compedu.2006.12.008

Montgomery, B. (2016). Stanford Experiments with Virtual Reality, Social-Emotional Learning and Oculus Rift. EdSurge. doi: https://www.edsurge.com/news/2016-08-16-stanford-experiments-with-virtual-reality-social-emotional-learning-and-oculus-rift

Neutzling, M. M., Tatro, R. (2021). Student-Centered Learning in a Digital World. Book Chapter: Proactive, Interactive and Deep Learning in Physical Education in the GIGA School Era.

Neutzling, M. M., Richardson, K., & Sheehy, D. (2018). Harnessing the Power of Virtual Reality Simulation in Physical Education Teacher Education. In Digital Technology in Physical Education, J. Koekoek and I. van Hilvoorde (eds.), Digital Technology in Physical Education: Global Perspectives. Routledge, London.

Pasco, D. (2013). The Potential of Using Virtual Reality Technology in Physical Activity Settings. Quest, 65, 429-441.10.1080/00336297.2013.795906

Sheehy, D., Neutzling, M. M., Bohler, H., & Richardson, K. (Abstract 2018).

World Congress conference “Exploring Pre-service teachers’ use of a Drone to Analyze Game Performance in a TGfU Games Course.” Research Quarterly for Exercise and Sport.

Wubbels, T., Brekelmans, M., den Brok, P., Wijsman, L., Mainhard, T., & van Tartwijk, J. (2014). Teacher-student relationships and classroom management. In E. T. Emmer, E. Sabornie, C. Evertson, & C. Weinstein (Eds.). Handbook of classroom management: Research, practice, and contemporary issues (2nd ed., pp.363-386). New York, NY: Routledge.

(n.d.). Virtual Reality in Physical Education. SupportRealteachers.org. Retrieved March 31, 2023, from https://www.supportrealteachers.org/virtual-reality-in-education.html

第３章

ゲーム指導の基本的な流れ

TENG Tse Sheng（PESTA, Singapore）

（翻訳：鈴木直樹）

1. はじめに

GBA を使った授業を成功させる鍵は、数多くあります。本章では、GBA の基本的な指導の流れを具体的に説明していきます。GBA を初めて使う教師にとって、指導の流れは重要ですが、その流れをやれば GBA になるというわけではないので、注意して下さい。GBA の原理や原則をよく理解することが大切です。そのことによって、教師は学習経験のデザインや発問を適切に行い、子供のニーズに応え、子供の能力を最大限に引き出すことができます。

2. 指導の基本的な流れ

1） 計画立案

指導を始める前に、学習の順序や進行、予定していた質問、学習体験のデザインなどを計画するために十分な時間を確保することが重要です。計画段階で教師が必要とする問いは、「子供に何を学ばせたいか？」と「学習できたかどうかは、どうすればわかるのか？」の２つです。この２つの問いは、教師が子供の学習をサポートするために、授業の経験や質問の設計を範囲化するのに役立ちます。これは、GBA を初めて使う場合は特に重要です。授業の内容が明確に焦点化されていれば、特に 30 ～ 40 人の子供たちがいるクラスでは、GBA の使用はより管理しやすいものになるでしょう。易しいことから始めて、自信がついたら少しずつ難しいことにチャレンジするように必要な調整をすることが大切です。

2） 指導の開始

子供が学習の場にきたらすぐに、各自で活動できるように場を整えておくと良いです。子供は、それまでの授業の中で必要感を持った活動を個人で行なったり、仲間と一緒に行ったりすると思います。

3）導入

授業の良い導入は、肯定的な学習体験の基礎を築きます。ここでは、GBA の授業で注意すべきポイントをいくつか紹介します。GBA に限ったことではありませんが、このような指導は非構造的なアプローチであるため、授業を適切に開始することが重要です。

ゲーム形式の授業では、教師がファシリテーターとなり、子供は自主的に、個人またチームで学習します。そのため、子供が指示や意図、課題の期待値が不明確な場合、課題から外れてしまう可能性が高くなります。子供の実態によっては、指示のスピードを遅くしたり、難しい言葉を使わなかったり、情報提示機器（ホワイトボードなど）やデモンストレーションを活用するなどの工夫をしましょう。ゲームの目的を明示し、そのルールの目的や実際のゲームとの関連性を明確に説明することは、ゲームプレイ中に、修正されたゲームの合理性を理解できるようになるために、必要な宣言的知識の習得にもつながります（Metzler, 2011）。これは、初心者がゲームを理解できるようにするために、特に重要です（Rovegno, 2010）。

すべての学習において言えることですが、関連性があると学習意欲が高まります。したがって、子供が課題を理解できるようにするだけでなく、なぜゲームのコンセプトを学ぶとより良いプレイヤーになれるのかを理解できるようにしましょう。学習したこと（例えば、他のゲームで学習した類似の概念）や既に知っていることと関連付けることで、子供の事前知識を活性化させます。子供の事前経験が知識の創造に果たす重要な役割は、教師がゲームに対する理解を深めている子供にとって意味のある課題を設計し説明することに意味があります（Rovegno, 1999）。一方、教師によっては、ゲームをプレイした後に事前知識との関連付けを行うことをがよいと考えている人もいます。それには 2 つの理由があります。それは、子供が素早く行動に移せるようにするためには、ゲームをプレイした後の方が、事前知識との関連付けがうまくいくと考えているからです。また、子供がプレイしているときに繰り返される質問で、ゲームの学習意図を子供たちに焦点化させるからです。例えば、いつパスをして、いつドリブルをするか」、「ボールを持っているプレイヤーをどのようにサポートするか」、「数的優位を作り出すために、チームはどのようにスペースを作るべきか」といった質問は、関連性を高め、子供がゲームの学習意図に焦点化できるようにします（McNeill et al, 2008）。このような学習を通して子供がゲームのルールと意図を理解したら、ゲームへと移行していきます。その際、教師はゲームを始める前に、作戦を話し合ったり、陣形を考えたりする時間を設けることができます。

4）ゲーム１

ゲームが始まったら、子供がルールに慣れるまでの時間を確保します。特にバスケットボールやサッカーなどのゴール型（ゲーム）では、その時間を十分に確保します。初めて同じチームになった場合は、戦術的な問題を解決するためにどう協力すればよいかを考える時間が必要です。教師の役割は、チームがゲームを開始できるように支援することです。子供がまだゲームのやり方を理解していない状況では、戦術理解と関連する質問をすることは、通常、効果がないでしょう。また、子供が戦術的な問題を解決しようとしているとき、ゲームがうまくいかないことはよくあることです。このとき、教師はゲームを注意深く観察し、彼らの会話に耳を傾けることが重要です。子供が問題の解決策を探求していることを大切にして、ゲームがうまくいかない時に子供を助けようと介入する誘惑に負けないようにします。観察するとき、教師は次のような質問を自分自身に投げかけるとよいでしょう。

- 何が原因でうまくいかなかったのでしょうか？
- 特定の技能やある概念の理解不足が原因なのでしょうか？
- 課題は簡単すぎますか、難しすぎますか？
- もしそうなら、難易度を調整するために、どのように条件を変更することができますか？

GBA が学習者中心であることの特徴は、課題の差別化が重要であることを意味します。グループによって、子供の学習をサポートするために、異なるレベルの支援が必要になることがあります。優れた GBA を実践する教師は、制約条件に対して「その場での教育的調整」（McNeill et al., 2004, p.17）を行い、子供の学習状況を容易にしたり困難にしたりして、子供が挑戦的だと感じるレベルで子供をひきつけることができます。このように、GBA の授業では、学習課題が計画されたものから外れることがよくあり、その状況を読み取る教師の能力が重要です（McNeill et al., 2004; Turner, 2005）。教師は観察力を持ち、いつ技能を強調し、いつ戦術的理解を重視するかを知るために必要な教育学的内容知識と経験を持っている必要があります。そうすることで、有意義なプレイ体験が生まれ、子供は技能不足のハンディを負うことなく学ぶことができます（Hopper, 2002; Oslin & Mitchell, 1998; Werner et al., 1996）。

より有意義な学習体験のために、ゲーム1には最低10分の時間を設け、子供が戦術を試したり、失敗から学んだりするのに十分な時間を提供します。また、可能な限り、子供がチームメイトと戦術について話し合う時間（1～2分程度）を設けてください。GBAは、子供を創造的かつ批判的に考える問題解決をして、かつ協力的に学習するチームプレイヤーに育てることを目的としています。教師は、チームでの話し合いの時間に1～2個の指導的な質問をチームに提供し、議論を進める手助けをすることを考慮してもよいでしょう。

特定のチームが一貫して良いプレイをし、戦術をよく理解していることを示す場合、教師はクラス全体を止めて、このチームのプレイを見るために子供を集めることを考えてもよいと思います。その際、子供の注意をプレイの特定の側面に集中させてください（例：チームがシュートするためのスペースをどのように作るか見てください。 彼らは何をしたのですか？）。デモンストレーションを見た後、子供に観察したことを尋ね、その戦術を再現するか、戦術的な問題を解決するために、より創造的な解決策を生み出すか、どちらかに挑戦させます。子供を各自のコートに戻し、学んだことを試合で活用できるようにします。

5）ラーニングデザイナーとしての教師

GBAでは、最初のゲームによって、技能を身につける前に「何をすべきか」を理解することで、子供は技能の関連性を理解し、練習への意欲が高まります（Griffin et al., 1997）。うまくゲームが設計されていれば、子供の関心を高め、さまざまな能力レベルの子供が協力して探求し、問題を解決し、成功体験を得ることができます（Mitchell et al., 2006）。戦術的な問題を埋め込んだゲーム1のデザインは、授業の成功に不可欠です。ゲームは、TGfUの基本である発達適合的再現と誇張の原則（Bunker & Thorpe, 1982）を用いて修正されます。この2つの原則は、子供の発達のニーズに適したものであり、簡略化された現実的な環境下において、戦術的な問題を解決し、技能を練習する機会を提供します（Griffin et al., 2005）。GBAにおける学習は、このように、意図的なものであり、偶然に委ねられるものではありません。うまく設計された制約条件は、「子供が運動学習をする際に課題を焦点化することを容易にし、課題に対する有効な動きの解決策を発見することができます」（Tan et al. 2012）。Oslin（2005）によれば、教師は「課題設計の設計者」（p.134）です。したがって、制約の操作を習得することは、GBAを使用する教師にとって重要な技能です。

6）教育ツールとしての「発問」

理解を引き出すための優れた発問技法の使用は、GBAにおける重要な機能です（Butler, 1997; Light, 2002; Mitchell et al, 2006）。GBAを実践する教師は、発達段階に応じたゲームや練習課題、上手な発問の仕方を工夫することで、子供と一緒に知識を創造していきます。発問は、子供が自分の経験を理解し、過去の知識と結びつけて新しい知識を創造するのを助けるために重要です。また、発問は、ゲームの戦術的な複雑さを理解し､戦術的な課題を解決できるようにすることで、子供の批判的思考力を養います（Light, 2002; Oslin & Mitchell, 2006）。Thomas and Thomas（1994）は、自分の能力と他者（チームメイトや対戦相手）の能力に関する知識は、試合状況での判断に大きな役割を果たすと述べています。例えば、チームに自分たちのプレイと相手の長所と短所を批判的に分析するよう求めることは、子供がその後、どのように自分の長所を発揮し、相手の短所を突けるかといった作戦を練るのに役立つでしょう。教師は、状況に応じたゲームや技術練習のセッションで、帰納的・演繹的な発問を使って、この自己反省のプロセスを明示することが重要です。したがって、教師は、子供が認知的に関与するために十分な時間を計画する必要があります（Thorpe & Bunker, 2010）。

教師は、子供の学習をサポートするために、いつ、何を、どのように発問すればよいかを考える前に、発問をする意図を明確にする必要があります。教師が使用を検討できる発問の観点はたくさんあります。例えば、空間、時間、リスク、戦術認識、技能発揮の観点（Mitchell et al., 2006）やGROWモデルの発問フレームワーク（Harvey, Cope & Jones, 2016）などがあります。きっかけの発問（Kracl, 2012）の使用（例えば､「どのように意思決定したの？」「どうやって改善する？」「何が一番重要？」「あなたなら､どうする？」）も､子供の批判的思考を刺激しチーム内の子供間の議論を生むために活用できる簡単な方法です。さらに、発問は、子供の理解を助けるために簡単な言葉で表現し、ゲームプレイ中に重要な選択肢や決定を探る状況的関連性を持たせる必要があります（McNeill et al., 2004）。

McNeillら（2008）は、ゲームや技能の練習中に発問をすることで、子供の学習を促し、子供がフィードバックに基づいて行動できるようにすることが最善であることを見出しました。例えば、ゲームや技能の練習中に、教師は指導する最適なタイミングを見つけたらゲームを中断し、グループに発問を投げかけることができます。そして、必要であれば教師がファシリテートしながら、その発問についてグループで議論するよう求め、プレイ再開後に解決策を試すように指示します。また、1～2人のプレイヤーにだけ、プレイを中断して発問を投げかけることもできます。グループ全体に発問するか、特定の子供だけに発問するかは、さまざまな要因によって決まります。例えば、特定された課題がグループ全体で直面したものなのか、それとも数人の子供だけが直面したものなのかによって発問の状況を変化させます（Harvey & Light, 2015)。一方、Fry ら（2010）によれば、プレイ中や練習中に発問や中断が多すぎると、子供が混乱し、状況判断ゲームの意義を把握することができないとされます。状況に応じた発問の必要性と混乱を最小限に抑えることのバランスをとるために、教師は、意味のある発問を足場かけにして適切なタイミングで発問を投げかけるために、ゲーム特有の優れた内容知識とゲームのプレイ経験が必要です（McNeill et al., 2008)。

7）技能の練習

優れたプレイヤーは、ゲーム中に適切な判断を下すことができます。これには、特定の状況下で最も適切な技能を選択することが含まれ、これは子供の技能（または技能の認識）に依存します。このように、戦術と技能は相互に依存し、互いに制約し合うものです（Rink, 2010)。したがって、技能の練習は、GBA の重要な部分です。

技能練習をどのように行うかは、教師が GBA に慣れているか、子供の多くがより成功するために特定の技能を練習する時間を必要としているかどうかによります。GBA に慣れていない教師にとっては、もう少し構造化した方が、子供の学習を順序立てて進めることができるかもしれません。ゲーム 1 の後、子供を集めて休ませることを検討してもよいと思います。子供が休んでいる間に、教師は子供と観察したことを共有し、子供に発問して、特定の技能（例：ボールコントロールの向上、マーカーから離れることでシュートポジションに入る、2 タッチ以内にシュートするなど）を習熟していればより成功することを認識させることができます。教師は、この機会を利用して、子供が練習する技能の関連性を理解できるようにする必要があります。技能練習の課題を示した後、子供をチーム内で練習するように仕向けます。練習のデザインは、できるだけゲーム的であるべきです。学習環境を単純化するために技能を単独で学習し、ゲームの文脈と動きを分離すると、子供が技能をゲームに移行できない可能性があります（Tan et al., 2012)。文脈に沿った技能の練習は、子供の知識構築の鍵となるもので、子供が学習したことをゲームで提供されるダイナミックな環境に適用することができるからです。適切な発問に導かれ、文脈に沿った練習を行うことで、子供はコントロールされた環境の中で適切な動きや戦術の決定を行うことができます（McNeill et al, 2008)。

とはいえ、よりゲームに近い練習環境で技能をよりうまく使えるようになる前に、基礎技能に集中できるような単独の練習が必要な子供がいたとしても、それは間違いではありません。子供の学習方法は人それぞれであり、適切な足場かけがあれば、そのような子供の助けになるかもしれません。教師は、選択肢を提供し、子供がチャレンジのレベルを選択できるようにすることも大切です（例：2 タッチ以内ではなく、最初にボールをシュートする、またはタッチ数を 3 タッチに増やすなど)。また、自主性の高い子供には、自分で練習課題を設計できるような選択肢を与えることもできます。教師はファシリテーターの役割を果たし、示範したり、発問したり、提案をして、子供が学習課題を探求することを助けます。子供は、技能を学び、ゲームの状況でそれを適用するために時間を必要とします。子供の経験や技能レベルによっては、他の子供よりも時間がかかる場合があります。つまり、技能向上のために十分な時間を確保する必要があるのです。5 ～ 10 分のセッションで、彼らの技能レベル、ひいてはゲーム 2 でのパフォーマンスに大きな差は出ないかもしれません。しかし、技能の練習に時間をかけすぎると、子供のやる気を失わせることにもなりかねません。バランスが重要であり、教師は子供の準備状況や学習習慣を見極めた上で判断する必要があります。例えば、15 分ほど技能練習をしたらゲームを続けるよう全員に指示し、ゲーム進行中の動きまわっている中で 1 対 1 のコーチングによって、より多くの手助けが必要な子供をサポートするといった具合です。

GBA の使用経験が豊富で、子供のさまざまなニーズに対応できる自信がある教師は、技能向上の段階でクラス全体を止めないという選択肢もあります。そのような場合、技能の練習が必要なグループだけに練習課題を与え、他のグループはゲームを続けることができます。場合によっては、教師は特別な指導が必要な子供だけを選択し、クラスの他の子供のゲームプレイの流れを妨げないようにすることもあります。

8）ゲーム 2

ゲーム学習のサイクルを完成させるために、子供たちは戦術的な問題に取り組み、ゲームの中で自分の技能を試す機会を得ます。ゲーム 2 では、子供が学習したことを実践する機会があり、教師は子供の理解度や改善点を評価する機会があります。GBA の学習者中心主義や、発達段階に応じた学習課題の設計を重視することで、ゲーム 2 では、用具やルールなどの条件を変えることで、さまざまな子供に合わせたバリエーションを持たせることができます（Oslin & Mitchell, 1998）。Bunker and Thorpe（1986）が指摘したように、クラスの多くの人がプレイするゲームに適合できるレベルに達しない子供もいるでしょう。GBA の柔軟性は、ゲーム 2 が子供の成長に応じてゲーム 1 と似ていたり違っていたりすることも意味し、より簡単なものやより難しいものに設計することができます。同様に、同じ戦術的な課題を持つゲームであれば、すべてのグループが同じルールとデザインでプレイする必要はありません。理想的には、子供が探求し、挑戦し、失敗から学ぶ機会が十分にあることが望ましいと思います。ゲーム 1 と同様に、教師の役割は、観察し、メモを取り、必要に応じて、子供がゲームをしているときに観察者と関わりながら、指導したり、ゲームを中断してチームに発問したり、フィードバックを与えたりして、介入することです。

評価は体育の指導において重要な要素です。優れた教師は、評価を指導に役立てるだけでなく、子供が意図したことを学んだかどうかを判断できるような評価方法について十分な知識を持っている必要があります（Metzler, 2011）。ゲーム 2 では、教師が子供のパフォーマンスを評価し、成果が達成されたかどうかを確認します。GBA では、子供が戦術的な問題を解決するために技能を発揮できるかどうかを理解するために、真正の評価（Oslin & Mitchell, 1998）、つまり、ゲームをプレイしているときに評価を行う必要があります。教師は、ゲームパフォーマンス評価法（GPAI）のような評価ツールを利用して、子供の意思決定、技能の実行、ボールを持たない時の動きのサポートを評価することができます（Griffin et al., 1997）。

9）授業のまとめ

授業のまとめは、時間不足のために見過ごされがちな授業の重要な部分です。適切な計画を立てることで、授業のまとめに十分な時間を確保することができます。授業の終末の場面では、教師が学習内容を整理し、理解度を確認するために発問をすることが重要です。これは、伝統的な授業に比べて学習が構造化されていないGBAの授業では特に重要です。子供がゲームに勝つことに集中しすぎて、授業の本来の目的を見失うと、学びが混乱してしまうかもしれません。また、ゲーム１とゲーム２のプレイの違いを比較したり、子供の学習がゲームの他の場面でどのように応用できるかを話し合ったりすることもできます（Fry et al., 2010）。さらに、学習意図や利用可能な時間に応じて、教師は授業のまとめで以下のことを行うことも可能です。

- 次の授業で何を学ぶのかを明確にして、それがすでに学んだ知識や技能とどのように関連しているのかを子供に紹介する。
- 子供が2～3問の質問で構成される振り返りカードを記入する時間を設ける。
- その際、子供の理解を確認するための質問だけでなく、子供がまだ疑問に思っていること、直面している課題、教師がどのように子供の学習を助けることができるかを伝えるための質問をすることも考慮する。

教師が学習意図の一部として設計した、態度面における特定の学習を強調することも大切です。例えば、子供が戦術を議論しながら自分の考えを伝え、チームとして意思決定を行ったか、話し合いやゲームの中に十分参加していたか、などです。なぜこのような学習が人生において重要なのか、子供がチームとして話し合う時間を設けることも大切でしょう。

3. まとめ

この章の意図は、GBAを使ったゲーム指導の基本的な流れと、その留意点を読者に包括的に知っていただくことでした。しかし、すべての授業は異なるため、一律の構成や授業の流れは存在しません。また、子供の学習方法は、事前知識やその運動に対する好き嫌いが異なるため、それぞれ異なります。良い授業を行うには、教師が教育学的アプローチを調整し、子供の学習効果を高めることが必要であり、そのためには、本章で目指したGBAの教育学的な理解を深める必要があります。Rovegno and Bandhauer（1996）は、構成主義的な教育が、支援的な環境であり、時間がかかる難しいプロセスであると主張しています。多くの研究者が、GBAには複雑な教育学的スキルと教師側の優れた内容知識が必要であると強調しています（Metzler 2011; Thorpe & Bunker, 2010; Turner, 2005）。GBAの場合、それが成功裏に実施されるためには、まず教師が向上心を持ち、アプローチの理論に立脚し、「さらなる理解を求め、それが実践に組み込まれるまで持続的に学ぶ」

（McNeill et al. 2008, p.246）姿勢を持つことが必要です。学ぶための最良の方法は、自分自身で挑戦と内省を繰り返すことです。しかし、その前に、注意すべきヒントがあります。まずはできることからはじめ、自分が一番自信のあるゲームを選びましょう。そして、目的を持ち、現実的な目標を設定しましょう。その後、一緒に授業づくりをするメンターや仲間を見つけましょう。そして、授業をデザインし、その経験を振り返る時間を確保します。学習成果のエビデンスを収集し、子供に学習経験について授業評価してもらいましょう。

授業の一部が失敗する可能性があることを覚悟してください。これは、新しいアプローチを採用するときには必ず起こることです。しかし、すべての失敗から成功に向けての知恵を得ることができるのです。ゆっくりと、しかし確実に、あなたはGBAを使った授業の設計と実施に自信を持てるようになります。GBAの原理と原則に対するあなたの信念が強ければ、途中の小さな挫折は、何が効果的かを見つけるための好奇心と決意をより強くすることでしょう。授業づくりを楽しんでください！

【参考文献】

Bunker, D., & Thorpe, R. (1982). A model for the teaching of games in secondary schools. Bulletin of Physical Education, 18(1), 5-8.

Bunker. D & Thorpe, R. (1986). Issues that arise when preparing to 'teach for understanding' In R. Thorpe, D. Bunker, & L. Almond (Eds.), Rethinking games teaching (pp.57-59). Loughborough, UK. Department of Physical Education and Sport Sciences University of Technology.

Butler, J. (1997). How would Socrates teach games? A constructivist approach. Journal of Physical Education, Recreation & Dance, 68(9), 42-47.

Butler, J., Oslin, J., & Mitchell, S. (2008). The way forward for TGfU: Filling the chasm between theory and practice. Physical & Health Education Journal, 74(2), 6-12.

Fry, J. M., Tan, C. W. K., McNeill, M., & Wright, S. (2010). Children's perspectives on conceptual games teaching: A value-adding experience. Physical Education & Sport Pedagogy, 15(2), 139-158.

Griffin, L. L., Mitchell, S. A., & Oslin, J. L. (1997). Teaching sports concepts and skills: A tactical games approach. Champaign, IL: Human Kinetics.

Griffin, L. L., Brooker, R., & Patton, K. (2005). Working towards legitimacy: Two decades of teaching games for understanding. Physical Education and Sport Pedagogy, 10(3), 213-223.

Harvey, S., Cope, E., & Jones, R. (2016). Developing Questioning in Game-centered Approaches, Journal of Physical Education, Recreation & Dance, 87(3), 28-35.

Harvey, S & Light, R. (2015). Questioning for learning in gamebased approaches to teaching and coaching, Asia-Pacific Journal of Health, Sport and Physical Education, 6(2), 175-190.

Hopper, T. (2002). Teaching games for understanding: The importance of student emphasis over content emphasis. Journal of Physical Education, Recreation & Dance, 73(7), 44-48.

Kracl, C. L. (2012). Review or true? Using higher-level thinking questions in social studies instruction. The Social Studies, 103, 57-60.

Light, R. (2002). The social nature of games: Australian pre-service primary teachers' first experiences of teaching games for understanding. European Physical Education Review, 8(3), 286-304.

Light, R. (2003). The joy of learning: Emotion and learning in games through TGfU. Physical Educator - Journal of Physical Education New Zealand, 36(1), 93-108.

Metzler, M. W. (2011). Instructional models for physical education. Arizona. Holcomb Hathaway.

McNeill, M., Fry, J., Wright, S., Tan, C., & Rossi, T. (2008). Structuring time and questioning to achieve tactical awareness in games lessons. Physical Education & Sport Pedagogy, 13 (3), 231-249.

McNeill, M. C., Fry, J. M., Wright, S. C., Tan, W. K. C., Tan, K. S. S., & Schempp, P. G. (2004). 'In the local context': Singaporean challenges to teaching games on practicum. Sport, Education and Society, 9(1), 3-32.

Mitchell, S. A., Oslin, J. L., & Griffin, L. L. (2006). Teaching sport concepts and skills: A tactical games approach (2nd ed.) Champaign, IL: Human Kinetics.

Oslin, J. L. (2005). The role of assessment in Teaching Games for Understanding. In L. Griffins & J. Butler (Eds.), Teaching Games for Understanding: Theory, Research and Practice (pp. 125-135). Champaign, IL: Human Kinetics.

Oslin, J. L., & Mitchell, S. A. (1998). Form follows function. Journal of Physical Education, Recreation & Dance, 69(6), 46-49.

Oslin, J. L., & Mitchell, S. A. (2006). Game-centered approaches to teaching physical education. In D. Kirk, D. Macdonald, & M. O'Sullivan (Eds.), Handbook of Physical Education (pp. 627-652). London: SAGE Publications Ltd.

Oslin, J. L., Mitchell, S. A., & Griffin, L. L. (1998). The game performance assessment instrument (GPAI): Development and preliminary validation. Journal of teaching in physical education, 17, 231-243.

Rovegno, I. (1999). What is taught and learned in physical activity programs: The role of content. Keynote presentation at the AIESEP Conference, Besancon, France.

Rovegno, J. (2010). A model for TGfU in elementary-school physical education. In J. Butler and L. Griffins (Eds.), More Teaching Games for Understanding: Moving Globally (pp.209-229). Champaign, IL: Human Kinetics.

Tan, C. W. K., Chow, J. Y., & Davids, K. (2012). 'How does TGfU work?' Examining the relationship between learning design in TGfU and a nonlinear pedagogy. Physical Education and Sport Pedagogy, 17(4), 331-348.

Thomas, K.T., & Thomas, J.R. (1994). Developing expertise in sport: The relation of knowl¬edge and performance. International Journal of Sport Psychology, 25, 295-312.

Thorpe, R., & Bunker, D. (2010). Preface. In J. Butler, & L. Griffin (Eds.), More Teaching Games for Understanding: Moving Globally (pp. vi-xv). Champaign, IL: Human Kinetics.

Turner, A. (2005). Teaching and learning games at the secondary level. In L. Griffins & J. Butler (Eds.), Teaching Games for Understanding: Theory, Research and Practice (pp. 71-90). Champaign, IL: Human Kinetics.

Werner, P., Thorpe, R., & Bunker, D. (1996). Teaching games for understanding: Evolution of a model. Journal of Physical Education, Recreation & Dance, 67(1), 28-33.

Rovegno, I., & Bandhauer, D. (1996). Psychological dispositions that facilitated and sustained the development of knowledge of a constructivist approach to physical education. Journal of Teaching

in Physical Education, 16(2), 136-154.
Rink, J. (2010). TGfU: Celebrations and Cautions. In J. Butler and L. Griffins (Eds.), More Teaching Games for Understanding: Moving Globally (pp.33-48). Champaign, IL: Human Kinetics.

第2部

ゲームデザイナーとしての教師の基本的な考え方

第4章

ゲーム中心の授業における教師の役割

Deborah Sheehy（Bridgewater State University）
Heidi Bohler（Westfield State University）
（翻訳：栗田昇平）

通常、教師は子供の学習を計画、組織、管理、評価する責任をもちしますが、このゲーム中心の指導アプローチのような構成主義的なアプローチでは、教師は子供が経験する学習課題を仲介する存在です。この章の目的は、子供がより楽しくゲームに参加できるよう教師の役割の概要を説明することです。

どのようなゲーム中心のアプローチにおいても一貫していることは、学習のために修正されたゲームを用いること、文脈に沿った技能向上と意思決定のための状況的な練習課題を用いること、子供の戦術的な気付きと批判的思考を高めるための発問の使用といったことです。以下では、ゲーム中心の指導アプローチのこれらの側面から、子供の学習のための教師の「アクセスポイント（仲介するためのポイント）」（Metzler & Colquitt, 2021, p.392）について考察し、観察や教師と子供の相互作用、課題の調整の行い方を示します。これらのアクセスポイントは相互に関連し、情報を補い合っていることに留意することが重要です。

1. 修正されたゲームでのプレイ

観察は、修正されたゲームが行われている間の教師の重要な役割であり、教師と子供の相互作用や課題調整に関する決定を導きます。子供が修正されたゲームに参加している際、教師は子供が安全に取り組めているか、またはゲームの目標・ルール・制限を理解しているかを確認する必要があります。子供が安全かつ効果的にゲームに参加していることが確認できたら、次に、子供が修正されたゲームの強調された戦術的な課題に対して、どのように解決しているかを観察します。安全に関する懸念の例としては、活動場所の近くに未使用の用具が散乱していることや、子供が無断で他のコートに入ること、不適切な用具の使用、制限やルールが当初の期待された安全なプレイに繋がらなかった場合等が考えられます。チームの活動場所、ゲームの目標やルール、制限に関する観察の対象には、ゲームが指示通りに行われていない場合、適切にローテーションが行われていない場合、子供が制約や制限をこえてプレイし続けている場合等が含まれます。観察の結果、上記の様子がみられた場合、対処が必要な子供の人数に応じて、教師は行動を変えます。1)個人、小グループ、またはクラス全体のプレイを停止させる。2）危険物を取り除く。3）ゲームのルールを変更する、または調整する。4）観察のサイクルを継続する。

ルールの変更または調整が必要な場合、教師はそれをすることによって、子供の学習をどのように支援できるのかについて考慮する必要があります。例えば、活動範囲を変更する場合、その調整が攻撃側と守備側にどのようなアドバンテージをもたらすかについて検討しなければなりません。ネットの高さ、ゴールの大きさ、得点のラインを変えることで、ゲームの面白さを変えることなく、戦術の理解や技能の習熟を支援することができます。少人数制のチームを用いることは、より多くの意思決定や練習の機会を可能にします。他方で、ルールの調整は、良いゲームを提供し持続させることに繋がります。例えば、バレーボールのゲームにおいて、サーブレシーブに苦労している子供には、サーブから得点できないような協力的なトスでスタートするように調整するようにします。バスケットボールでは、ドリブル禁止ルールにより、ボールを持たない動きの必要性を強調し、パスの練習ができます。このようなルールの変更・調整により、良質なゲームを可能にし、学習を支援することができます。

1）課題発見のためのゲーム

課題発見のためのゲーム（inquiry game-play）（言い換えると、ウォームアップゲーム）は、子供がゲームとその目的を与えられる時間であり、そこでは条件づけられた状況に子供を参加させることによって、彼らの知っていることやできることを評価することができます。その間、教師はゲーム後の発問のために観察を行います。授業の戦術的な焦点に関連して、教師は子供のゲーム内のプレイを評価し、彼らの課題を認識する必要があります。戦術的な焦点とは 1）プレイの判断が適切か否か、2）空間をどのように利用しているか、3）技能を実行するタイミング、4）特定の行動に伴うリスクとそのリスクに対する効果、5）状況に応じて技能を適切に利用できているか等のことです。パフォーマンスに関するこれらの評価は、子供のニーズに根差した魅力的な発問を創造する機会を教師に与えることになります。話し合う場面では、観察に基づいた発問を行い、その後の授業で取り上げる戦術的な課題に関連した意思決定や技能発揮に焦点があてられます。例として次のような発問が挙げられます。

- 戦術に焦点化させる問い：「セカンドコートで、あかりさんが素晴らしいプレイをするのを観察しました。あかりさん、その時の状況と、その時の判断に影響を与えたものを教えてください。」
- スペースに焦点化させる問い：「ケンジさん、コートの後方からスマッシュをねらったところ、ネットにかかりましたね。コートのどのあたりがスマッシュを打つのに効果的なスペースなのか教えてください。また、コートの後方からでは、どのようなショットが良いでしょうか？」

2）応用ゲーム

応用ゲーム（Application gameplay）は、子供がゲームを体験し、既に課題解決や練習に時間を費やした後に行われるものです。このゲームでは、子供が学んだことを応用し磨きをかけることができます。教師はこの間に観察を用いて、判断の適否に基づいて議論するポイントを決定する必要があります。例えば、教師は「フリーズ・リプレイ」（Turner, 2005, p.84）という技法を使い、ゲーム途中でプレイを止め、子供に行動を再現させたり、決定をやり直させたり、最適な選択肢をリハーサルさせたりすることができます。この手法により、子供はその場でのポジショニングを確認し、良い決定を認識し、発問を通じてフィードバックを受けることができます。やり取りの例として、「今自分がいる場所で一旦止まってください。自分のいる場所と、対戦相手のいる場所をよく見てください。あなたが見たコートのスペースはどこですか？それはあなたのチームにとって何を意味しますか？ここでは、どんな意思決定や実行ができますか？」といったものが挙げられます。

2. 発問と話し合い

発問後の短い話し合いの中で、子供は自分の考えを発表することによって、考えを公開し共有することができるようになります。誤った認識を表面化させて対処することもできますし、共有するという行為は、子供が仲間から代替案や類似の解決策を聞く機会にもなります。そこでは、学習内容に深く関わることができ、クラスの全員が知識を共有することができます。本節では、発問とそこから続く話し合いにおける教師の役割について、「発問の文化を創る」「発問の開発」「包括的で活発な議論を導く」の３つの考え方を紹介します。

1）発問の文化を創る

ゲームを使った授業を行う場合、発問の文化を育むことが重要となります（Walsh and Sattes, 2011）。教師は、同じ問いかけにも様々な答えがあること、発問を通じて子供に必要なことの判断を行うことを繰り返し伝えることで、時間をかけてこの文化を育てていきます。多様な学習者を惹きつける様々な発問テクニックを使用することは、学習意欲を高めるために重要です。さらに、問いの複雑さのレベルも様々です。問いの難易度が低ければ、子供が参加しやすくなり、その後、高度な回答が要求されるような発問をすることも可能になります。子供の回答や試みを奨励し、称賛することで、安心して回答できるようになります。全ての子供が全ての答えを聞き、それらを尊重するようにすることで、子供は仲間に支えられていると感じることができるでしょう。

2）発問の開発

発問を行い（Walsh & Sattes, 2011; Mitchell et al., 2021）、話し合いを促進する方法は多くあります。Walsh & Sattes（2011）は、ブルームのタキソノミーを用いた発問のレベル分けについて論じています。ゲーム中心の体育授業で提案されている出発点は、教師が Mitchell ら（2021）が提案した５つのタイプの少なくとも１つの発問を使用することです（表 1）。表 1 に示された発問は、ゲームの多くの側面に焦点を当て、大半のゲームにおける意思決定のポイントをまとめています。

１つの場面で、教師が全ての発問をする必要はありません。その時々のニーズに合わせて発問をすること、そして戦術的課題に対して最も関連性の高い発問を提示することが重要です。その際に、教師は、議論のための発問と予想される回答を用意しておく必要があります。

有用な発問を行う技術の習得には多くの時間がかかります。ここでは、良い発問を行う手助けをするためのヒントをいくつか紹介します。まず、発問で取り扱う問いはオープンエンドなものであり、複数の正解があることが望ましいとされています。また、５種類の発問を戦術的な焦点の範囲内にとどめることも重要です。この範囲内にとどまるには、発問の焦点が攻撃的か守備的か、ポジションやその状況におけるプレーヤーの役割等であることを考慮します。

表１　問いのタイプとピックルボールにおける接頭辞と発問サンプル

サーブの深い返球を用いた攻撃のためのセットアップ
戦術的気付き：…（文脈）のとき、どう判断すべきですか？ 例：ピックルボールの試合でサーブを受けたとき、どのような判断で返球しましたか？（ボールを深く、適度に高く打つ）
タイミング：どんな時に ...... すべきですか？（意思決定や / またはスキル発揮） 例：サーブの深い返球はいつ決めますか？（サーブを打ったらすぐに）
スペース：どこに ..... すべきですか？（意思決定や / またはスキル発揮） 例：攻撃するために、具体的にコートのどこに深いリターンを行うべきですか？（できるだけベースラインに近いコート後方）
リスク / 報酬：（意思決定や / 又はスキル発揮の試み）…のリスクは何ですか？ （意思決定や / 又はスキル発揮の試み）…の報酬は何ですか？ 例：深いリターンを打つリスクは？ （外に出る可能性もあるし、ショートする可能性もあります） 深いリターンを打った時の報酬は？ （私がキッチンラインに行く間、相手を引き留めることができます）
スキルと動きの実行：どのように ... を行いますか？ （スキルが意思決定と文脈に適合していますか） 例：深い返球の打ち方について、あなたは何を知っていますか？ （フルスイングしてフォロースルーをとる）

3）　話し合いを導く

話し合いの場面では、最初の発問、フォローアップの発問、不正解の可能性のある回答の慎重な取り扱いを通して、全ての子供を対話に参加させたいという思いが必要となります。このような議論の全体的な目標は、子供が教師からの直接的なフィードバックを聞くだけでなく、自立した方法で自身のプレイを分析できるようになることです。この過程を通じて、子供たちは、無心にゲームをするのではなく、ゲームを豊かな学習の場として経験することができるようになるのです。真正なゲーム経験を通じて、子供たちは失敗を犯しても、他者と協力することができる学習環境の中で、自ら考え、問題を解決する力を育むことができます。そこで、以下において、話し合いと関連する、学習形態、提示・探索・返答、観察について説明します。

4）　学習形態

教師は、個人、グループ、クラス全体など、いくつかの学習形態で話し合いを実施することができます。学習形態の選択は、観察に基づいて行います。教師が授業中に同時に行われている多数の小規模なゲームを観察した際に複数のプレイエリアで効果的でないプレイの意思決定をしている多くの子供がいる場合は、クラス全体で話し合いをすることが有効です。1つのプレイエリアで効果的でない判断がなされている場合であれば、関係するチームだけの小グループでの対話が効果的です。調整が必要な子供が1人か2人しかいない場合は、そのゲームを一旦停止させ、素早く話し合いを行います。発問の文化が定着してきたら、ゲーム開始時に各チームに発問権を渡し、子供が仲間に発問するタイミングを決められるようにすることもできます。より創造的な取り組みとして、教師は、ターン・アンド・トーク、シンク・ペア・シェア（Angelo & Cross, 2023）といった指導方略や ICT ツールの投票機能やクイズ機能の使用を検討することもできます。

5） 提示・探索・返答

発問を行うときは、常に問いの文脈を整理して、言及している状況を子供が思い起こすことができるようにします。このようにすることで、子供は、問われていることが明確になり、発問をよりよく処理することができるようになります。子供が発問の意味を理解できるように、発問を言い換える可能性を常に考慮します。また、子供が答えたら、クラスでその答えを問い直す時間をとります。時には、答えを言い換えたり、子供に実演させて意味を示したりする必要があるかもしれません。答えが不明瞭な場合は、子供が自分の理解についてより多くの情報を共有できるように、探りを入れたり、さらに追加的な質問をしたりします。教師は、「もう少し話してください」、「詳しく教えて下さい」、「それを私に見せてくれませんか？」等の言葉を使用することができます。不正解は、子供をより良い答えに導くきっかけになります。子供の回答が評価されていることを伝え、今後子供が回答を提供できるような「安全な空間」を維持することが重要です。例えば、子供の答えからよくある誤解がみられた場合、「ありがとう。それはよくある間違いです。なぜなのか、話し合ってみましょう。」と返答し、不正解でも正しい方向へのステップであることを理解すれば、子供は積極的に回答を出すようになります。

6） 観察

話し合いを進行する際、教師は子供が積極的に会話に参加しているか否かを観察する必要があります。前述のように、子供がグループ内において意見を共有する快適さを尊重すると同時に、容易に共有できるように促すことが重要です。例えば、ある子供が常に発問に回答し議論を支配している場合、教師は「ケンジ、質問に答えようとしてくれてありがとう。まだ意見を聞いていない人の話も聞いてみましょうか。」と伝えることができます。さらに、全ての子供の話を聞くために、「ターン・アンド・トーク法」（Angelo & Cross, 2023）を使うと効果的です。この方法を使うには、教師が「この質問について、隣の人と交代で話して下さい」と言うだけでよいのです。その後に、1組または2組のペアに話し合った内容をグループ内で共有したいと思うかを尋ねます。どちらの例も、遠慮がちな子供の意見を聞くことができます。

3.　状況別練習課題

状況別練習課題中の教師の役割は次の通りです。1)その状況で練習すべき概念、文脈、スキルを明確にする、2）その状況で行うべき指導や意思決定を効果的に指導または実演する、3）プレイエリアを組織し、子供をグループ分けして練習課題の役割を割り当てる、4）安全性の評価や子供の行動の修正のためにパフォーマンスを観察し、修正的・肯定的フィードバックを与えることです。

1）　概念、文脈、スキルの明確化

プレイや対話を通じて、戦術的課題に関連する主要なアイデアや概念に到達したら、教師は練習課題への移行において、それらのアイデアを明確にし、実際の状況に位置づける必要があります。ソフトボールの授業で、実際に教師が行った説明について考えてみましょう。

今日は、「1アウトで走者がない時に、2塁と3塁の間にゴロを打たれたときの三塁手の動き」を取り上げました。この状況を踏まえて、三塁手として実践したい重要なことが4つあります：1）三塁手はバットから飛び出すボールを見て、ボールの方向、力、飛び方を判断し、ボールを自分のものだとコールするか、ショートをバックアップするかを決めることが重要です。2）ランナーをアウトにする前にボールを捕球する必要があるので、ボールを捕球する空間とタイミングを決める必要があります、3）三塁手が効率よく素早くボールを捕球し、1塁に投げるために使える具体的な足運びと捕球のコツがあります、最後に、4）この状況での最善の判断は、一塁でランナーをアウトにするために、

一塁手に送球することです。

2）効果的なデモンストレーション

概念、キーポイント、決定事項が教師によって明示された後、教師は、完了すべき課題と、そのスキルが実際の状況の中でどのように実行されるのか、デモンストレーションを行う必要があります。デモンストレーションは、子供が実際の状況や事前に議論したことを関連するスキルパフォーマンスを複数の感覚を用いて理解することができるため、学習における非常に強力なツールと言えます。

デモンストレーションは、コースやフィールドにおける実際のプレイ方向、課題に取り組む子供の人数、必要とされる用具の全てが即座に使える状態で実施されるべきです。また、課題の中で技能がどのように発揮されるべきかを正確に伝えることが重要です。そのため、教師は技能を練習し、動きの開始・途中・終末の段階、さらに力の発生方法やタイミングの考慮等、各側面を説明できるようにしなければなりません。

3）プレイエリアの組織化、生徒のグループ分け、役割分担

子供を練習場所に移動させる前に、教師は子供がどこに行くべきか、練習場所がどのように構成されているかを明確にする必要があります。教師は、ゲームによって、次のような点を考慮する必要があります。例として、使用するスペース、安全性、プレイ方向、開始の仕方、練習に含まれる役割とその役割をどのように交代するか、完了する試行回数と結果の目標の明示、相互評価や自己評価を使用する方法等が挙げられます。

4）パフォーマンスの観察

子供が練習を始めたら、安全性や子供の行動を評価及び修正し、発問という形で肯定的・修正的なフィードバックを与えます。また、必要に応じて課題を拡張したり、改良したりします。これらは全て観察によってもたらされます。

4. まとめ

結論として、教師は、ゲーム中心の指導アプローチの様々な段階において、子供の学習を促進させる存在（catalyst）としての役割を果たします。教師の役割は、アクセスポイントを利用して観察し、子供と対話し、様々な方法で授業の様相を

調整し、子供の批判的思考や積極的参加を促すことです。これらのアクセスポイントは相互に関連しており、互いに影響し合っています。

【文献】

Angelo, T. A., & Cross, K. P. (2023). Classroom assessment techniques: Formative feedback tools for college and university teachers (3rd ed.). San Francisco, CA: Jossey-Bass.

Metzler, M. & Colquitt, G.M. (2021). Instructional models for physical education (4th ed.). New York, NY: Routledge.

Mitchell, S.A., Oslin, J.L., & Griffin, L.L. (2021). Teaching sport concepts and skills: A tactical games approach (4th ed.). Champaign, IL: Human Kinetics.

Turner, A. P. (2005). Teaching and learning games at the secondary level. Im L. L. Griffin & J. L. Butler (Eds.), Teaching games for understanding: Theory, research, and practice (pp.71-9). Champaign, IL: Human Kinetics.

Walsh, J.A., & Sattes, B.D. (2011). Thinking through quality questioning: Deepening student engagement. Thousand Oaks, CA: Corwin.

第5章

ゲームデザイナーとしての教師

多様な能力を持つ、すべての学習者をゲームに参加させる方法

Tim Hopper（University of Victoria, Canada）

（翻訳：栗田昇平）

1. ゲーム中心の指導とクラスの多様性

TGfU（Teaching Games for Understanding）のようなゲーム中心の指導アプローチでは、技能向上の前に、対象となるゲームの基本ルール、意図、戦術的なコンセプトをすべての子供に理解してもらうために、修正されたゲームから授業を始めることを提案しています（Thorpe et al., 1986）。しかし、すべての子供に取り組ませることは可能なのでしょうか？体育の授業では子供の能力が多様であるため、最初に行われるゲームは多くの子供にとって良い経験とはならないのが普通です。そこで、この章では、“どのようにすれば、すべての子供が興味を持ち、身体的にも認知的にも学びのあるゲームをデザインできるのか？”を問うこととします。

私は、戦略とは、ゲームにうまく参加するためのプレイ方法だと考えています。例えば、テニスの場合、常にボールをインプレーにすることがそれにあたります。他方で、戦術とは、テニスで安定したプレイをする可能性を高めるために、「打点の高いところからボールをコートの真ん中に打ち込む」といった、特定の目標を達成するために周到に計画された具体的な行動のことです。

本章では、成功裡なビデオゲームデザインを参考に、ゲームに成功裡に参加している状態をゲームプレイという用語を使用して示すこととします。Gee（2007）は、ビデオゲームにおけるゲームプレイとは、プレイヤーがゲームに参加し、影響を与えることができ、ゲームの目的に基づいた役割を担い、ゲーム内のツールを操作してその効果を高めることができるという感覚を指すと述べています。したがって、ゲームプレイとは、ルールやゲームの意図、他のプレイヤーの行動によって決まる新たなプレイのパターンを読み、それに参加することができるプレイヤーの感覚のことを指します。ビデオゲームでは、プレイヤーの行動を制限す

るために多様な制約が置かれ、ゲームに挑戦することで、その場で学ぶことができるような課題が設定されます。同様に、体育のゲームの授業では、制約指向型アプローチ（the constraints-led approach：Renshaw & Chow, 2019）で提案されているように、用具の種類、すなわち、弾みの弱いボールや軽くて小さい用具、チーム内のプレイヤーの数、相手の行動を制限する条件、プレイエリア、ゲームの意図等の多様な制約を使用してゲームを形作ることができます。多様な制約を用いる Thorpe ら（1986）は、大人のゲームの主要な構成要素を保ちながら、単純化された戦術的課題を持つ一連の再現的ゲームとしてゲームプレイを教えることを提案しています。また、彼らはゲーム構造を変更して戦術を強調する「誇張ゲーム」も提案しています。これは例えば、ピックルボールのレッスンでラリーの安定性を強調するために、ポイントの取り合いが始まる前に 6 ショット連続でボールをラリーするといった工夫が挙げられます。これらのアイデアを基に本章では、ゲームデザイナーの 3 つのツール（1）適応による修正（modification-by-adaptation：Hopper, 2011）、（2）ゲームプレイにおける 4R（Hopper, 2003）、（3）戦術コンセプト（Hopper & Rhoades, 2022）に焦点を当てます。

2. システムとしてのゲーム

ゲームデザインのツールを理解するためには、ゲームを特定の環境内における一次的なルールと二次的なルール及び用具で構成される 1 つのシステムであると考えることが重要です。まず、大人の「スポーツ」は、的あて型（ターゲット型）（＝ボーリング、カーリング、ゴルフ）、ネット型（＝テニス、スカッシュ、バレーボール）、ベースボール型（＝クリケット、野球、ソフトボール）、ゴール型（サッカー、ラグビー、バスケットボール）の 4 つに分類することができます。Mitchell ら（2020, p.20）は、同じ分類内のゲームは、ボールを持たない動きとボールを操作する技能における類似した戦術的要素と技能の共通した基礎パターンを持つことを意味すると指摘しています。

的あて型（ターゲット型）のゲームでは「相手よりターゲットに近づく」、ネット型のゲームでは「相手より長くプレイし続ける」、ベースボール型のゲームでは「守備にボールを取られないようにして得点する」、ゴール型のゲームでは「ボールを保持して相手陣地に侵入して得点する」というのが一次的ルールに該当します。さらに、これらの一次的ルールは、次に示す二次的ルールの設定によって、プレイパターンを多様化することができます。二次的ルールの例として、（1）得点の取り方と防ぎ方、(2) プレイのスタートとリスタート、(3) プレイ可能エリアと対象の操作方法を決めるインプレーのルール等が該当します。ゲームデザイナーである教師は、類型化されたゲームカテゴリーの主要なルールに基づき、子供の年齢や能力に応じて、大人のゲームのある側面を簡易化したりすることによって、課題を強調させたゲームデザインを行うことができます。

3. 適応による修正：多様な能力を持つ子供を参加させる

能力別に子供を分けるという指導方法は、社会的に包摂的で、身体的に活発なコミュニティを通じて健康を促進するという体育の最終的な目標を損なう解決策であると考えることができます。同時に、異なる能力を持つ子供を固定されたゲームの構造に無理に押し込めるのではなく、ゲームの二次的ルールの工夫をすることでゲームの構造を子供に合わせることを提案することができます。Hopper (2011) は、子供が父親と遊ぶ時に行うような適応による修正 (modification-by-adaptation, 以下 MbA) と呼ばれるアプローチを提唱しました。このアプローチでは、ゲームに得点して勝利した結果、ゲームの制約が勝利しなかったプレイヤーに有利になるように変化します。私は、学習者に適応するゲームを作ることで、無意識的行動模倣 (Nonconscious Behavior Mimicry, 以下 NBM) (Rhodes & Hopper, 2019) と呼ばれるプロセスで、学習者が互いに学び合うことができると理解するようになりました。基本的に、ゲームデザイナーである教師がゲームプレイの制約を操作して近い力関係の試合を促進することができれば、NBM に基づいて学習者は互いの成功した行動を模倣することになります。

MbA ゲームにおける学習は、ビデオゲームデザインにおける「教師としてのゲーム (game-as-teacher)」と呼ばれています。これは、ゲームの構造をその場で変化させてその場での学習を促すもので、プレイヤーにとって適した挑戦的な状況を作り出し、効果的な行動を必要とするきっかけをゲームの中で認識させるものです。同様に、Gee (2003) は、ビデオゲームのデザイナーは、プレイヤーがアイデアを試すと、ゲームが反応し、プレイヤーにフィードバックを与え、「自動化、適応、新しい学習、新しい自動化のサイクル」(p.65) を通して新しい問題を提示する形で、これを実現すると述べています。体育の授業でこの学習サイクルを実現するために、2 人のバドミントン選手が、4 つのエリアに分けられたコートで、3 点先取のある条件のゲームを行うことを例に考えてみましょう。ネットに近い方の 1/4 のコートでプレイを開始し、1 ポイント取ったプレイヤーのコート面積が 1/4 ずつ増えていきます。このようにすることで両プレイヤーに新しい課題、異なる課題を提示することになります。このルールでは、能力の高いプレイヤーの守るべきコートが広くなることになります。どちらか一方のプレイヤーがフルコートに到達した時点で、2 人のプレイヤーはそのコートサイズ（例えばハーフコート対フルコート）で 3 ポイント先取のルールで競うことになります。このような指導では、より広いコートを守らなければいけないプレイヤーは、勝利するために高い挑戦課題をもつことになります。その相手はより広いスペースを狙うことができ、この戦術的優位性を理解すれば、近い力関係の拮抗したゲームを促すことができます。

ゲームデザイナーとしての教師の重要な課題は、プレイヤーに適応した新しい問題を提示し、近い力関係の競争を促進するゲームを開発することです。Hopper & Rhodes（2022）は、ゲームに参加する各プレイヤーは、自分が知覚し利用できるアフォーダンスに基づいた、どのようなゲームでも行える可能性のある一定の「行動余地（action space）」を持っていると理論化しました。アフォーダンスとは、相手の行動、プレイを条件づけるルール、プレイエリアの設定、様々な道具の使用といった制約を形作ることを指します（Renshaw & Chow, 2019）。したがって、行動余地とは、「（対戦相手を含む）アフォーダンスに基づいて、プレイヤーが与えられた状況でできること」、「ゲームの中で出現する状況を生かすための精神的および身体的な能力に基づいたもの」を指します（Hopper & Rhodes, 2022, p.11）。つまり、ゲームデザイナーである教師としての目標は、参加するプレイヤーにとって公平な「行動余地」を促進するゲームを作ることとなります。MbA ゲームは、異なる能力を持つプレイヤーが一緒に遊べるように共存を促し、NBM の機会を創出します。次に、子供がゲームを読み取り、その構造を利用し、相手から学び、次のプレイを実行するための方法を説明します。

4.　ゲームを読み取るための 4R
：知覚と行動の結合、オフ・ザ・ボールの動き

ゲームを読み取る（read）とは、プレイヤーがスキルを選択する際に、次にボールがどこに送られるのか、次に自分がどこに動くべきかを予測する能力のことを指します。ボールを持たない動きとは、ボールが来る前に、（1）技能発揮、（2）スペースの防御、（3）ボールとの位置関係の調整等の適切な場所に身を置くことといった戦術的な気付きをプレイヤーが示すことを指します。すなわち、ボール

を持っていないときのプレイヤーの動きから、彼らがゲームのプレイをどう読み取っているのかがわかります。ビデオゲームと同様、運動学習における生態的ダイナミクスは、子供が戦術的な問題に対する解決策を模索しながら学ぶという非線形な方法であることを主張しています。解決策を求めるということは、ゲームプレイの流れを読むことを学ぶということを意味します。したがって、教師は制約を用いることで、学習者がゲーム内のアフォーダンスの認識を広げ、その後の行動につなげるための条件を整えているのです（Renshaw & Chow, 2019）。このプロセスは帰納的なものです。学習者は、ゲーム課題における最初の動きの調整から、試行と調整を繰り返すことでゲームプレイの知覚と行動の結合を発達させ、自分のプレイをコントロールできるようになります。そして、この変化が、技能向上の基礎を導きます。このプロセスを支援するために、Hopper（2003）は、図1に示す「読み取る - 反応する - 対処する - 戻る」（Read-Respond-React-Recover）という4Rモデルを提案しています。ネット型のゲームに焦点を当てると、4Rモデルは次のようになります。

1. 読み取る（Read）- この段階は、プレイヤーが、プレイエリア内でボールを見ながらポジショニングを取り、他のプレイヤーがどのように反応するか、その手がかりを探すことを意味します。
2. 反応する（Respond）- プレイを読み取ってから、ボールが他のプレイヤーによって返球されると、プレイヤーは体を動かして反応し、予想される技能を実行するための準備をします。
3. 対処する（React）- ボールがプレイヤーに送られた場合、プレイヤーはプレイの流れの中で一連の動作を行い、ボールをレシーブし、送り出すことによってプレイを成立させます。スキルの選択は、読み取りの段階によって影響を受けます。
4. 戻る（Recover）- 技能発揮（または技能発揮開始）の終わりの段階では、プレイヤーが運動の準備状態のポジション（膝を曲げ、足を肩幅に開き、体重を前にかける）に移行し、読み取り段階へと回帰していきます。

4Rは、4つのゲーム分類に適用することができます。ネット型のゲームにおけるこのサイクルは、プレイヤーが常にボールを投げ出すか受け取るかに関与しているため、継続的なものといえます。的あて型（ターゲット型）のゲームでは、対象物を投射し、技能発揮に関するフィードバックを得て、次のゲームを改善することだけに焦点を当てたサイクルです。ベースボール型のゲームでは、4Rはゲームの3つの異なる役割に適用することができます。3つの役割とは、(1) 安全なエリア（ベースやウィケット）の間をバッティングして走ること、(2) ベースやウィケットに向かってボールをフィールディングすること、(3)ボールをピッチング／ボウリングすることを指します。ピッチング／ボウリングがターゲット型のゲームと同様のプロセスを持っていることに気付くことができます。フィールディングでは、空間を守ることになるので、味方がボールをフィールディングするプレイをしているときに、ボールが向かうかもしれない空間をカバーしなければならず、フィールディングしたボールはウィケット（クリケット）またはベース（野球）に送られることになります。最後に、ゴール型のゲームは、ボールに直接関わることなく移動する時間が多いので、より複雑なゲームとなります。ディフェンスでは、得点エリア（バスケットやゴールなど）周辺の相手の攻撃スペースをマークしたり、得点エリアをガードして得点を防いだりする役割を果たします。自分にボールが渡された場合は、4R モデルのサイクルを経てボールを受け取ることができますが、そうでない場合は、相手の領域に侵入したり、パスを受けるためにオープンになったりして、ボールを持った味方をサポートする動きをします。

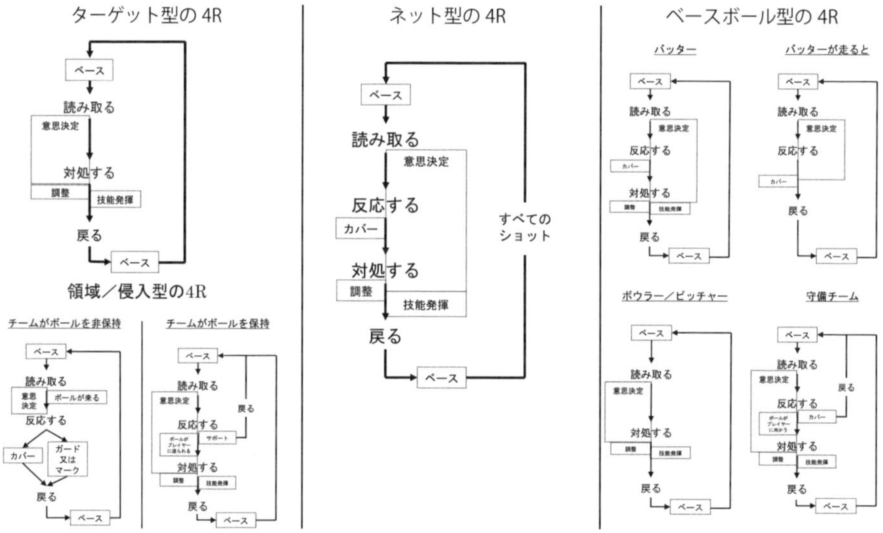

図1

4R モデルは、意思決定のための状況の読み取りに重点を置いています。Mitchell et al.（2020）は、ボールを持たない動きを子供のゲームへの関与を評価するパフォーマンス指標として特定し、それが技能開発の前提条件となることを指摘しています。彼らの研究を参考に私は表 2 に示すようなボールをもたない動きの定義を提案しています。表 2 は、ゲームの読み取り方を学ぶ子どもの評価や指導に有用に機能し、ゲームプレイにも影響を与えることことができます。

図 2　ボールを持たない動きのゲームパフォーマンス指標

ベース—ある技能の試行と試行の間の遂行者のホームポジションまたはリカバリーポジションへの適切な戻り。
意思決定—対象物（ボールやシャトル等）をどうするか、空間をどう守るかといったことの適切な選択。
カバー—相手の対象物（ボール）に関連して守備的な動きをする（スペースをカバーする）、またはボールを保持しているプレイヤーに守備的なサポートを提供する。
調整—ゲーム内の対象物（ボール）を用いたプレイに要求される攻撃的または守備的なプレイヤーの動作。
技能発揮—選択した技能を効率よく発揮する。
サポート（パスを用いた）—自チームがボールを保持しているときに、パスを受ける位置までオフ・ザ・ボールで移動すること。
ガード又はマーク—ゴールや得点エリアに関連するボールの保持者または非保持者に対するディフェンス。

4R モデルとゲームパフォーマンス指標を組み合わせることで、子供の成功裡なゲームプレイのための足場かけとなる強力なツールセットを用意することができます。プレイヤーが相手の意図を予測して動くことを学ぶことで、成功裡な技能の選択と実行のための時間を確保することができます。そして、それは、認知と身体をより働かせた状態でのゲームへの参加を促すことになります。

5.　ゲームプレイにおける戦略的操作要因としての戦術的コンセプト

戦術的コンセプト（Tactical Concept、以下 TC）とは、相手よりも優位に立つために、ゲームの戦略的要因をどのように操作するかを理解するための共通の検討の枠組みのことです。Mitchell ら（2020, p.9）は、これをゲームセンスコンセプトと呼んでいます。これらは元来、時間、空間、リスクといった 3 つの要素で構成されていましたが、Hopper & Rhodes（2022）は、これらに「力」を加え、次のように定義しました。

1. 時間（Time）とは、スキルを実行する際にいかに自分の時間を作るか、あるいはゲーム内でプレイをしようとする相手からいかに時間を奪うかを指します。
2. 空間（Space）とは、ゲームにおいて、(1) ボールをキープする、(2) 相手を攻撃する、(3) 自分のプレイエリアを守るために、自分が動く（いる）場所、ボールを送る場所のことを指します。
3. 力（Force）とは、ボールを送り出す距離、スピン、スピード、方向をコントロールするために、実行中の技能やゲーム内の機会に関連して、ボールにどのように「力」を加えるかを指します。また、準備姿勢、力のタメ、動作の発生から終わりまで、といった力を生み出すための重要な手掛かりも表します。
4. リスクとは、(1) 相手の得点を防ぐためのディフェンス、(2) 得点の機会を作るためのアタック、(3) ゲームへの従事を維持し、攻撃の機会を伺いながら潜在的な攻撃を無効化するための中立的なプレイ、(4) 想定外のことをして、相手の意表を突くといったことを指します。

TC は、教師の発問の指針や誇張ゲームの計画に利用できます。第 10 章では、ネット型のゲームであるピックルボールの事例から、TC の活用例を紹介します。最後の節では、TC、4R、MOA をゴール型のゲームであるバスケットボールの 3on3 ゲームに応用して説明します。

6.　修正されたゲームのデザイン

採用するゲームは、7 人で行う 3on3 のハーフコートバスケットボールゲームです。ここでは、攻撃側に 1 人多いプレイヤーを配置し、状況に応じて攻撃役、審判、得点管理の役割を担ってもらいます。ボードの黒い四角の中に当たると 1 点、フープを通すと 2 点の得点になり、7 点先取したチームが勝利となります。パスやそれを受ける動きを促すために、ドリブルは 3 ポイントエリアの外でのみ行うことができます。アウトオブバウンスのボールは、パスインでゲームを再開させます。守備チームはボール確保後、3 ポイントエリアの外の味方にパスをした時点で攻守交代となり、攻撃チームとなります。攻撃チームは、3 ポイントエリアの外側のエリアからスタートします。プレイヤーのボディコンタクトはすべてファウルとなり、相手チームにフリーパスが与えられます。攻撃側に優位性を持たせるために、攻撃側には 4 人目のプレイヤーがおり、攻撃側の 1 名のプレイヤーは常に 3 ポイントラインの外にいなければなりませんが、3 ポイントラインの外ではパスをしたりパスを受けたりしてもボールを失うことはないというルールを設定します。この状況を読み取ったプレイヤーは、攻撃権の維持のために、ボール保持者をサポートする動きで対処する方法を即座に思いつきます。攻撃時にスペースを作るために、攻撃チームの1人は、味方がパスやそのリターン、攻め上がりをしたりするときに、常にサイドチェンジのパスをサポートするためにドロップインの動きをすることを学びます。1名多いプレイヤーがいることで、攻撃チームはディフェンダーを自分に引き寄せ、チームメイトのためにスペースを作る方法を理解するようになります。また、バックパスをする優位性をつくることで、チームとして仕掛ける時間を作ることを意識させることもできます。こういった状況では、チェスト・バウンドパス、セットシュート等のスキルが必要となります。練習の進め方としては、ゲーム後、パスやシュートの正確さや飛距離を出すための力の出し方を学びます。黒い四角内のポイントは、オープンになってからシュートを打つことを促し、セットシュートの方法を学ぶ必要性をもたらします。守備チームは、3ポイントエリア内にいる選手をマークするか、ゴール周辺のスペースを守るか、味方がパスをインターセプトしようとした時のカバーの動きを考える必要があります。このゲームの3つのMbAルールとは次のとおりです。(1) 4点を取ったチームは、エキストラプレイヤーがいなくなる、(2) 5点を取ったチームは、フリーパスや3ポイントラインの外でのドリブルの保護がなくなる、(3) 6点を取ったチームは、フープインでしか得点ができなくなる。これらのMbAルールは、接戦を促すだけでなく、勝っているチームのリスクを高め、負けているチームはボールを持っているプレイヤーにプレッシャーをかけることで相手の時間を奪うことができることを理解させることができます。このゲームをプレイし、ゲームに似た状況の課題を練習した後に再びこのゲームに戻ることで、ゲームプレイからTCの理解を促進し、技能を向上させることができます。

7.　まとめ

バスケットボールの例では、ゲームデザイナーである教師は、時間、空間、力、リスクの概念を適用しながら、ルールをどのように活用するかをプレイヤーに認識させるために、発問、ゲーム中のデモンストレーションや指示等を使用します。もちろん、全てのプレイヤーにとって十分なものとは言えませんが、3人組のチーム編成は、子供の適切なスペースに移動する能力を開発する機会を増やし、技能を実行する時間の確保に繋がります。そして、その技能を使うタイミングを知ることが、有意義な技能練習に繋がります。そこで、「すべての学習者が身体的・認知的に関与し、近い力関係の競争を促進するゲームをどのようにデザインするか」に取り組むために、MbA ゲーム、4R の役割の気付き、知覚と行動の結合、そしてゲームプレイにおける TC の理解を通じて、持続可能な競争を創造します。これを行うことにより、「ゲームプレイの中で TC に気づくことで、技能の基礎を学ぶプレイヤーの能力を育む行動余地（action space）が生み出される」のです（Hopper & Rhodes, 2022, p.8）。

【文献】

Thorpe, R., Bunker, D., & Almond, L (1986). Rethinking games teaching. University of Technology, Loughborough.

Gee, J. P. (2003). What video games have to teach us about learning and literacy. Pelgrave McMillian.

Gee, J (2007). Good video games and good learning. New York, NY: Peter Lang.

Hopper, T. (2011). Game-as-teacher: Modification by adaptation in learning through gameplay. Asia-Pacific Journal of Health, Sport and Physical Education, 2(2), 3–21. https://doi.org/10.1080/18377122.2011.9730348

Hopper, T. & Rhoades, J. (2022). Part 2 - Enactivism and learning to play tennis: Modification-by-adaptation enabling action spaces and nonconscious behavioral mimicry. Strategies, 35(6), 10–19. https://doi.org/10.1080/08924562.2022.2120748

Hopper, T. (2003). Four Rs for tactical awareness: Applying game performance assessment in net/wall games. Journal of Teaching Elementary Physical Education, 4(2), 16–21.

Mitchell, S. A., Griffin, L. L., & Olsen, J. L. (2020). Teaching sport concepts and skills: A tactical games approach. Human Kinetics.

Renshaw, I., & Chow, J.-Y. (2019). A constraint-led approach to sport and physical education pedagogy. Physical Education and Sport Pedagogy, 24(2), 103–116. https://doi.org/10.1080/17408989.2018.1552676

第6章

ゲーム指導の教師行動

栗田昇平（大阪体育大学）

1.　指導者の役割

ゲーム中心の指導アプローチは、伝統的な技術中心の指導アプローチとは異なり、子供中心の構成主義的な学習観を備えています。この違いは、子供、学習、ゲームへの適応といった諸事象の捉え方の違いを生じさせ、教師行動の考え方にも影響を与えます。表1には、技術中心の指導アプローチとゲーム中心の指導アプローチにおける諸事象の捉え方の違いが示されています。

表1　各アプローチにおける捉え方の違い

各要素	技術中心	ゲーム中心
子ども観	何も持たない 「白紙」の受動的存在	好奇心や楽しみを動力として 学ぶことのできる主体的存在
学習観	技術情報を身体に蓄積させる 受動的行為	行為の経験の中で学び手に生じる主体的行為
ゲームへの適応	技術を身体に覚えさせ、その集積によって成される	ゲームの中で技術の意味が構成されることによって成される
教師の役割	インストラクターとしての 直接的指導	ファシリテーターとしての 間接的支援

ゲーム中心のアプローチは、学び手を主体的な存在として考えることを出発点とします。学び手のゲームへの意欲や好奇心、上達したいといった主体性を上手く利用しつつ、同時に、それらを開発していくことが重要になります。そのため、このアプローチでは、指導者に過度に依存させるようなやり方は避けるべきだと言えます。例えば、子供が考えるべきことを先回りして伝えすぎてしまったり、円滑な授業を意識しすぎるあまりに先取りした指示を与えてしまい本来起こりうる認知的な葛藤状態を避けるようなことが当てはまります。

2. 学習場面に対応した教師行動

ゲーム中心の指導アプローチの代表的な流れは、「①１回目のゲーム―②発問―③練習―④２回目のゲーム―⑤まとめ」で展開されます。以下では、各場面における考え方とそれに対応した教師行動を紹介します。

1) １回目のゲーム

ゲーム中心の指導アプローチでは、ゲーム経験から全てが開始されます。そのため、授業初めに教師に求められるのは、最初に行うゲームのルールや状況に関する情報を子供に与えることです。また、最初のゲームが、フルゲームとどのように関係し、何故修正したゲームを行うことが重要なのかも合わせて説明する必要があります。注意点としては、与える情報をゲームの進行に支障がない程度に抑えることが挙げられます。教師が先回りし過ぎて、ゲームを上手く行うためのポイントや解決方法を説明し過ぎないようにし、子供がゲームについて深く考える機会を確保することが求められます。

教師は、一通りゲームのルールを説明したら、１つのグループをピックアップして、ゲームを２～３分程度やってもらい、ゲームをしない子供たちにはゲームをする様子を観察させると良いでしょう。１度の説明で全員がルールをすべて理解することは不可能です。そのため、初めて行うゲームでは、ルールの理解が十分ではないため、ゲームが止まったり、ルールとは異なった動きをする子供が出てきたりすることが起こります。その際に、教師は子供全員が見ている前で一旦ゲームの進行を止めて正しいルールを指摘できます。この時、子供が間違えるルールは、子供にとって理解が難しかった箇所といえます。このゲーム観察の方略は、ルール理解の困難な箇所を１回の指摘で共通認識に至ることができるため、説明の方略としても有用ですし、教師の話を聞くだけの説明よりも子供たちは退屈することがありません。教師側は、違和感を覚える箇所があれば思い切って指摘し、そこで行われる子供とルールについて議論し合う様子を見学している子供にみせてあげると、議論自体も子供の学びになるでしょう。

教師は、１回目のゲームが行われている間に、子供の様子を注意深く観察し、課題とされる動きや練習が必要だと思われる技術を特定する必要があります。そして、１回目のゲームの観察を通じて、課題とされる戦術的気付きや技術が特定されたら、教師は１回目のゲームを終了させます。

なお、子供がゲーム中心の指導アプローチに慣れていない場合は、ゲームを単なるレクリエーションとみなしてしまい、課題の存在に意識が回らないことがあります。そういったことを想定して、事前に、ゲームの中で課題を発見できるような問いを、教師から子供に投げかけてから、1 回目のゲームに移る方がその後の活動でより活発な議論が可能になることが考えられます。

2)　発問による戦術的気付きの促進

1 回目のゲームが終了すると、教師は、子供を集合させ、ゲームを取り組む上で重要となる戦術に関する課題を発問形式で問いかけます。伝統的な技術指導では、教師は子供に上手な動作の仕方を示し、その例を真似るように求めますが、ここでは、教師はゲームで要求されている戦術的課題が何であり、その解決のために技術をどのように実行する必要があるかを子供に理解させられるように努めます。発問の方法は、抽象的な問いから具体的な問いへと、ゲーム状況に関連する課題に導くような演繹的な問いを用いることが多いです。例を挙げます。第 1 の発問として､プレーしたゲームの「目標」に関わった質問が投げかけられます。例えば､ゴールがあり､得点を獲得するタイプのゲームであれば､その目標は「得点を取ること、ゴールすること」となりますし、パスを繋ぐゲームの場合は「パスを繋ぐこと」となります。次に、第 2 の発問は、「目標を達成するためにあなたたちは何をするべきなのか」または「目標を達成するためには何が出来なければならないのか」と問いかけます。シュートがあるゲームでしたら、「シュートを打つこと」ですし、さらにシュートを打つ特定のタイミングや場所といったより具体的な情報がその応答に付随されることになります。パスゲームでしたら、「(どこに、どのような、どんなタイミングで）パスを出すこと」または、「(どこで、どのように、どんなタイミングで）パスを受けること」といった行動がその応答として想定されます。具体例として表 2 を参照して下さい。

子供の回答が不十分なものであると感じる場合には、問い直しをしてみましょう。想定した通りの回答が来るとは限りませんが、足りない情報を補うように問い直しながらやり取りを行うことで学び手の認知活動をより促進することになります。以下に、子供の思考をより具体化するための追加の質問の例を示します。

- 時間：「どのタイミングがよいか。」
- 空間：「どこが良いか。どこに動くか。」
- 状況：「それはどのような時か。」

・方法：「どのように行うのが良いか。」
・選択肢：「AとBならどちらが良いか。」

表２　演繹的な発問とその応答の例
（グリフィンほか，1999，p.15）

領　域：	ゴール型（サッカー）
ルール：	2対2で4回連続パスを行う
教　師：	ゲームの目標は何ですか。
子　供：	自分のチームでボールをキープし、4回パスをすることです。
教　師：	そのためには何をすべきですか。
子　供：	パスを回すことです。
教　師：	そうですね。その他に大切なことはないですか。
子　供：	パスされたボールを上手くトラップできなければいけません。
教　師：	そうですね。この目標を上手く達成するために、何らかの方法でパスとトラップを練習するというのがいい考えだろうね。

また、ゲーム中心の指導アプローチでは、ゲームでの経験を通じてスキルの必要性を学ぶことになります。その際に、「インサイドキック」や「オーバーヘッドクリア」といった専門用語に触れることも有効です。使うべき状況と共に触れることによって、子供は「なぜ、インサイドである必要があるのか」、「クリアのゲームにおける役割は何か」といった重要な付随的知識と共に用語を学ぶことができるため、単に単語を記憶するよりも実践的な知識として有意味なものになります。

3）技能や動きの練習

子供の戦術的気付きやスキルに対するニーズが確立したら、教師は学習場面をゲームから切り離した技術や動きの練習へと移行させます。ゲームでの経験をベースにすることによって、子供は技能を学ぶ必然性を理解し、その技能をゲーム状況でどのように用いるかについてもイメージしながら練習に取り組むことができます。教師も学習するスキルの成否だけでなく、なぜ、どのように技能や動きがゲームにおいて使われるかを子供に意識させて練習させることが重要になります。

この場面における教師の相互作用について、子供が技能や動きの必要性を明確に理解して練習に取り組めている場合には、具体的な情報を伴わせた肯定的なフィードバックをすると良いでしょう。一方で、子供が動きの必要性を理解できていないと感じられた場合には、小規模の単位で一旦練習を止めて改めて発問形式で生徒に課題に関することを問い直すと良いでしょう。個人によって理解に差が出ることを想定し、指示が先回りしすぎないようにすることを留意する必要があります。

4） 2回目のゲーム

技能や動きの練習が終了したら、1回目に行われたゲームと同じか、または、それよりもややフルゲームに近い状況が与えられたゲームを行います。2回目のゲーム前に、先に行った技能練習で課題とされた内容について再度確認します。この2回目のゲームでは、練習を通じて戦術的課題が解決されたかを試すことができます。

ゲームデザインとして重要なことは、課題とされる技術や動きを試す機会がゲームの中で多く保障されているかという点です。ゲームのある側面を誇張することによって、通常予測困難なゲームの流れの中で、学習すべき内容とは別の局面が発生する可能性を排除もしくは低減し、子供が学習すべき局面に集中して取り組むことができるようになります。この仕組みを利用して、ゲームという真正な環境の中で技術や動きの学習を多く取り組めるように意図します。

2回目のゲーム場面における教師の相互作用行動は、先述した練習場面における原則と同様に具体的で肯定的なフィードバックが中心となりますが、練習場面で学んだ内容について中心的にフィードバックをすることを心がけ、情報過多で子供を混乱させないように留意すべきです。

5） まとめ

まとめの段階では、教師は、本時の授業で取り扱われた戦術的な課題について焦点をあててレビューを行います。理解度の最終チェックとして、課題を再確認し、子供に解決策を回答させるだけではなく、2回目のゲームでそれが上手く機能したか、仮に機能しなかったとしたら、それは何故なのかを問いかけ、ゲームに対する理解を促進させる機会とします。また、次なる戦術的課題を提示し、次の授業の導入とつなげることもできます。

3. 発問の役割と3つの条件

次にゲーム指導における教師行動の中で重要な位置を占める発問について取りあげたいと思います。発問とは、「狭義には、教科内容に即して子どもの思考活動を促し、彼らが主体的に教材と対決していく学習活動を組織していくことを意図して行われる教師の問いかけ」と定義されています（細谷ほか，1990）。この定義に従えば、ゲーム指導における発問とは、「ゲームに取り組む子供の思考過程を促す意図を持たせた問いかけ」であると考えられます。ゲーム中心の指導では、発問を用いることにより、ゲームが単なる高度なスキルの応酬ではなく、状況に適合した思考に根差した活動であることに気付き、より適正なスキルの認識を教えることができると考えられています。仮に、子供からの応答が論理的に正しくない場合においても子供なりに答えの中で筋道を通そうと思考することにより、子供を探究活動へと向かわせることができます。また、発問を有効に用いることによって、学習における子供の主体性を高めることも可能です。学習の文脈に子供の思考が介入していくことにより、学習を進めているのが教師ではなく子供であるという、子供中心の文脈を構築することに繋がるのです。

しかし、漫然と発問とその応答を繰り返すだけでは、子供中心の学習を実現することはできません。発問の行い方次第で、教師主導にも子供中心にもなり得るからです。創造性のない問いと単調な応答の応酬に終始し、やり取りが教師と1人の子供の間だけで閉じたものになってしまっては、子供の思考を促進させるどころか、子供の主体性を失わせてしまいかねません。では、どうすれば発問形式の授業展開が有効に機能するのでしょうか。以下では、その条件を3つ紹介します。

①適切な課題難度の選択

子供が疑問や課題意識を持つためには、基本的な理解が前提となります。未知の領域に対する「わからない、できない」という状態では、疑問を抱くまでに子供に多くの忍耐が必要とされることになります。「ここまでは分かっている、できる」から「もっと知りたい、できるようになりたい」といった気持ちが起こる難度設定が適切です。この点について、グリフィンほか（1999）は、子供の実態に応じたゲームの戦術的な複雑さの設定の必要性を述べています。

②発言したことが授業に生かされるという期待と実感

リヴォイシング（下記参照）といった指導方略を用いて、子供から出された意見を既習事項に組み込んで捉えるようにしたり、子供が発言した背景の説明を加えて、その時に進行している学習の文脈に繋げてあげることによって、子供も学習への関与を実感し、さらに発言をしたいと考えるようになります。

③学びに方向付けられた、失敗を恐れない集団づくり

発問とその応答を中心に授業を進めようとする場合、集団内の誰もが安心して

発言できる環境を用意する必要があります。その場合、授業だけではなく、集団形成と自律性支援的な教員の行動とをセットで組み込むことを考える必要があります。

4.　主体性を高めるための指導方略

次に、子供の主体性を高める方略を紹介します。状況に応じてゲーム指導に組み込むことで効果を高めることができます。

①リヴォイシング

子供によって発せられた言葉の教師による再発話のことです（O'Connor and Michaels, 2008）。機能としては、子供の発言を話の中に位置づけることやより抽象的で一般性の高い概念と繋げること等の他に、発言が集団全体に浸透することによって、学習への関与を実感したり、相互に学び合う対人関係の形成といった社会的機能も期待できるとされています。

② Wait Time

発問後やその返答後にわずかな待ち時間を設ける手法です（Walsh and Sattes, 2016）。具体的には、教師の発問後及び子供の返答後に 5 秒程の子供の思考活動を促進させるための重要な空白の時間を確保するというものです（表 3 参照）。

③ Think-Pair-Share

授業者の発問をきっかけに、子供全員を思考活動に参加させる手法です（Kagan,

表 3　Wait Time の手順

	場面	指示
Wait time 1 回目	教師の発問後	1 教師からの発問を良く聞く 2 自分の解答を検討する 3 考えるための静かな時間が与えられる 4 挙手の代わりに指名されるのを待つ 5 発表できるような準備をしておく 6 指名されない時は、クラスメイトの発表を良く聞いて考える
Wait time 2 回目	生徒の発言後	1 考えるための静かな時間が与えられる 2 指名されていないときは、クラスメイトの発表をよく考える 3 賛成か反対か、理由を伴って述べることができるようにする 4 聞いた内容に、意見を付け加えられるように準備する 5 指名されたら、いつでも発表できる準備をする 6 クラスメイトの意見を尊重する

1992)。他者の意見を用いて、思考を深化させたり発展させたりすることができます。具体的には、発問を受けた生徒は、最初は1人で考え、意見を紙に書いておきます。その後、パートナーと協力して、2人で記述した内容をもとに議論を行い、意見をより洗練させます。最終的に、集団全体で意見を共有していくようにします。教師の発問を集団全体の思考に波及させるために有効な手法といえます。

④改善手続き

発問を含めた学習場面全般において、否定的な雰囲気を生み出すパターンが観察された場合、教師は直接的に言及する代わりに、子供たちに省察の時間を用意します。各チーム内において、諸問題の原因を示し、自分たちで解決に至らせる手続きを考えさせます。ここでも発問形式で問題を投げかけることができます。

5. まとめ

ゲーム中心の指導アプローチは、ゲームへの参加を基本として戦術的気付きを促す発問とそれを契機としたディスカッションを通じて、子供自身が本来的に持つ好奇心や主体性を発揮して問題解決に向き合うことを奨励します。その際の教師の役割は、伝統的な技術中心のアプローチにみられるような子供に先回りして知識や技能のコツを直接的に教えるやり方とは異なり、ファシリテーターとして間接的・支援的に生徒の学びに寄り添い、思考活動を促進する役割を担うことになります。その文脈の中で、発問とその応答といった指導方略は、中核を占めますが、それを用いることそのものが、子供の主体性を高めるわけではありません。発問場面での工夫はもとより、発問場面以外でのゲームのデザインや場面々々における教師の働きかけもまた発問を用いた場面の成否に影響を及ぼし、ひいては子供の探求活動や主体性の構築に繋がっていきます。子供中心の原則の理解を基盤とした、指導方略や指導技術の有機的な組み合わせが求められます。

【参考引用文献】

グリフィン・ミッチェル・オスリン：高橋健夫・岡出美則訳（1999）ボール運動の指導プログラム：楽しい戦術学習の進め方．大修館書店：東京.

細谷俊夫・河野重男・奥田真丈・今野喜清（1990）新教育大事典第5巻．第一法規出版：東京.

Kagan, S. (1992) Cooperative learning. Resources for Teachers: San Juan Capistrano.

O'Connor, M.C. and Michaels, S. (2008) Shifting participant frameworks: Orchestrating thinking practices in the group discussion. Hicks, D. (ed.) Discourse, Learning, and Schooling, pp.63-103. Cambridge University Press.

Walsh, J. and Sattes, B. (2016) Quality Questioning: Research-based practice to engage every learner (2nd ed.). Cowin Press.

第3部

体育学習のための
ゲームデザイン

第7章

ゲームデザインの原則

Karen Richardson（Bridgewater State University）

（翻訳：滝沢洋平）

1. なぜゲームデザインが必要なのか？

効果的なゲーム指導を行うには、体育教師が、すべての子供に有意義な学習の場を提供する、魅力的な修正されたゲームをデザインする必要があります（Henninger & Pagnano-Richardson, 2016）。修正されたゲームの使用は、ゲーム中心の指導アプローチの基本原則であり、Bunker & Thorpe（1982）による Teaching Games for Understanding（TGfU）と、それに関連するもの（Tactical Games Model や Game Sense など）では、ゲームを構成する技能に分解するのではなく、ゲームそのものに焦点をあてる必要があります。修正されたゲームを学習の場として使用することで、学習者のニーズ、技能、経験、興味、教師の望む学習成果に合わせて学びを位置づけることができます。

ゲーム中心の指導アプローチの考え方は、子供がゲームをする前に技能を学ぶのではなく、戦術的な知識やゲームの進め方を同時に身につけることに結びついた文脈の中で技能を学ぶというものです（Light, 2013）。ゲーム中心のアプローチに見られる中核的な特徴として、1）競争と意思決定を伴う修正されたゲームの中で学びが構成され、文脈化される学習をすること、2）思考と認知的関与を刺激するための教師の発問を使用することが挙げられます（Light, 2013）。カナダのバンクーバーで開催された TGfU の国際学会での Thorpe & Bunker（2008）の発言によると、修正されたゲームのプレイ中に重要な学習が行われるには、「ゲームを正しく理解する」ことが不可欠です。

近年、ゲーミフィケーションやビデオゲームの設計原理は、体育教師が体育におけるゲームの設計に活用するための手がかりとなっています。ビデオゲームのデザイナーは、プレイヤーがゲームプレイに夢中になるためには、途中で成功を収める必要があること、ゲームプレイ中に意思決定する力が与えられていると感じること、そしてゲームが自分の人生にとって意味があると感じる必要があることを知っています（Gee, 2003）。ビデオゲームでは、問題は簡単なものからより難しいものへと変化し、プレイヤーはより複雑な課題につながる技能や知識を学ぶ機会を得ることができます。体育教師は、体育でゲームを設計する際にこのビデオゲームの原理を適用することができます。また、教師は子供のニーズに合わせてオリジナルのゲームを開発できるようになる必要があります。ゲーム開発をするためには、何を学ぶべきか、どのように環境を構成すれば学習効果が高まるかについて深く考えることが必要です（Light, 2013）。体育でよく設計されたゲームは、単純なものからより複雑なものへと移行する一連のゲームを含む必要があります。

本章では、Bunker ら（1986）が最初に紹介したゲームデザインに関する考え方や、Hopper（2011）、Hopper & Rhodes（2022）、Richardson ら（2013）による、適応によるゲームの改変や、ビデオゲームのデザイン原則を使用してゲームを設計し、望ましい結果を達成させるという研究成果を活用します（Pill, 2014）。

2. ゲームデザイン

私は体育の教師教育者として、ゲームプレイにおける戦術的状況判断能力（Technical Decision Competency: TDC）と、すべての子供にとってより公平で魅力的な体育のゲームを行うための適応によるゲームの改変に多くの関心を向けてきました（Henninger & Pagnano Richardson, 2016）。以下は、体育でゲームをデザインする際に思考の指針となる考え方です。

1. ゲームは、すべての子供を夢中にさせるために、予測不可能な結果をもたらす必要があります。子供たちが友達や家族と一緒に遊んだり、自分で作ったりする裏庭のゲームを思い浮かべてみてください。ゲームが複雑すぎたり、魅力がなかったりすると、子供たちはゲームから逃避してしまいます。
2. ゲームには「ちょうどいい」チャレンジレベルが必要であり、ゲームのプレイヤーは発達の近接領域にいる必要があります。したがって、ゲームには、すべてのプレイヤーが「良い」ゲームの可能性を持つことができるルールが必要です。「良い」ゲームとは、多くの場合、スコアが拮抗しているゲームです。
3. ゲームは、他者を尊重し、チームメイトや対戦相手の能力を理解した上で行う必要があります。
4. ゲームは、積極的な社会的相互作用を育む挑戦的な経験として、楽しむことができなければなりません。

3.　教育ツールとしてのビデオゲームの設計原理

体育でゲームをデザインする場合、Hopper（2011）や Pill（2014）が提唱するように、ビデオゲームデザイナーのように考えることが理にかなっています。Pill（2014）は、体育の教育学に応用できるビデオゲームデザインの重要な原則をいくつか挙げ、a）難易度やまとまった複雑さを持つゲームを設計する、b）ゲームの進行に影響するゲームプレイでの決定を子供にさせる、c）達成に報酬を与える、などを挙げています。

ビデオゲームのデザイナーは、ゲームに慣れていない人を構造化された学習の進行に参加させるために、課題の複雑さを段階的に向上させていく方法を使用してきました。学習が行われるのはプレイの過程であり、レベルによってプレイヤーはゲーム内の位置や解決すべき問題を把握し、自分が何をしているのか、なぜそのような決定を下すのかを理解することができます（Pill, 2014）。体育科教育学では、Mitchell ら（2021）の「Tactical Games Approach」において、戦術的な複雑さのレベルが特定されていますが、ゲームにおける段階的な進行のモデルが見られます。Tactical Games Approach の複雑さのレベルは、体育教師がゲームをデザインする際に利用できるリソースです。例えば、サッカーでは、ボールを保持するためのレベル 1 の課題は、正確にコントロールしたドリブル、そして正確にコントロールされたショートパスです。レベル 2 の課題は、ボール保持者をサポートすることであり、より複雑なレベル 4 の課題は、ロングパスを正確に行い、パスを胸で正確にトラップしてコントロールすることです（Mitchell, Oslin & Griffin, 2021）。

また、ビデオゲームデザイナーは、学習者に力を与え、好奇心や挑戦を通してプレイヤーのやる気を引き出し、ゲームへの没入を促すためにゲームを作成します（Pill, 2014）。Hopper ら（2018）は、これをプレイアビリティと呼んでいます。プレイアビリティとは、ゲームへのチャレンジとゲームプレイでのエンターテイメント性がプレイヤーを夢中にさせ、またプレイしに来ようというモチベーションを維持し、プレイヤーにフロー体験を生み出すゲーム体験のことを指します。優れたゲームには、体験的な学習を可能にするデザインが必要であり、明確に異なる参加形式を学習するための適切な制約があります。そのため、技能的な障壁が取り除かれることで、初心者のプレイヤーは成功を収めることができます。例えば、ビデオゲームでは、プレイヤーがゲームを始めたばかりの時は、簡単な作業をして結果を得ながら操作方法を学ぶ課題に対峙しています（Pill, 2014）。また、プレイヤーが行動しなければ、ゲーム内では何も起こりません。ビデオゲームでは、ゲームがプレイヤーに反応を返すため、ゲームとプレイヤーの間に相互作用があります（Pill, 2014）。ビデオゲームにおけるゲームプレイヤーは、適切なチャレンジレベルに応じた操作や起動オプションのカスタマイズを選択することで、ゲームの共同構築の一翼を担っています。最適なチャレンジレベルを提供するために、体育における制約主導の設計システム（Chow et al., 2007）が提案されています（Pill, 2014）。ここでの体育のゲームデザインの原則は、プレイヤーが成功し、意思決定をする力を与えられるようなシンプルなゲームをデザインすることです。そして、子供のゲームでの成功に基づいて、徐々に複雑さを増していくことです。ビデオゲームデザインにおけるこの考え方を体育のゲームに応用する方法として、適応によるゲーム改変の原則を次の節で説明します。

ビデオゲームデザインの３つ目の原則は、報酬によってプレイヤーの達成を促すことです。ゲームはプレイヤーに定量的な結果を提供するため、達成を促すことができます。ビデオゲームでは、プレイヤーがレベルの課題を解決することでチャレンジに成功したことが明らかになります（Pill, 2014）。レベルを終了することそのものが報酬となっています。また、ビデオゲームでは、ゲームをマスターすると、ゲームに勝利したことになり、終了します。プレイヤーはゲームプレイ中に学ぶと同時に、失敗を通して学ぶこともあります。Pill（2014）は、「失敗は、スキルの習得やゲームの理解度に関する即時のフィードバックを提供し、能力または自信における『自分の位置』を理解するプレイヤーの一部となる（p.12）」と述べています。Mitchell ら（2021）に見られる整然とした戦術的な課題の整理は、体育における戦術の習得のためのゲーム開発に利用できると思います。

4.　デザインツールとしてのゲーム改造の種類

ビデオゲームデザインの特徴に加え、体育教師が有効な修正されたゲームから学習プロセスを開始するのであれば、ゲーム中心の指導アプローチの考え方を活用することが良い出発点となります。Hopper & Sanford（2010）は、「ゲームとしての教師」らの教授学と TGfU の教授学とのつながりを明らかにしました。Thorpe ら（1986）は、TGfU の考え方の基礎となるゲームを修正する方法として、Representation（発達適合的再現）と Exaggeration（誇張）の２つを提案しました。

Hopper（2009）は、ビデオゲームデザインのアイデアを取り入れたもう一つのゲーム修正デザインツールとして、適応による修正を紹介しました。ゲームを修正する3つの方法はそれぞれ、子供のニーズと学習成果を満たすためにゲームを設計する枠組みを教師に提供します。Pill（2014）は、「遊びは学習プロセスを養う」とし、構造化された進行を持ち、学習プロセスを足場とする体系化されたゲームは、理想的な学習の場であると提案しています。

Representation（発達適合的再現）による修正とは、大人のゲームの主要な特徴や戦術的な問題を用いて開発されたミニゲームを指し、学習者の体格、年齢、能力に合わせて修正を加えてプレイできるゲームに修正することです。発達適合的再現とは、高度なゲーム形式を、それと同様の戦術的要件を持つより簡易な形式のゲームに変更することです。例えば、テニスの場合、サービスボックスに代表される小さなエリアでプレイし、スポンジボールを使用したり、サッカーの場合、小さなフィールドで3対3でプレイしたり、といった修正です。より簡易な修正されたゲームの使用は、大人のゲームを子供の発達段階にあったものにして、教師が教育目的のために多くの選択肢を提供します（Light, 2016）。発達適合的再現という概念を用いてデザインされたゲームの使用は、スポーツ界で広く支持されており、サッカー、テニス、ラグビーなど、多くの国の競技団体がこのゲームデザイン原則の使用を支持して活用しています。

Exaggeration（誇張）による修正では、社会で行われている大人のゲームに関連する特定の戦術的問題に焦点を当てるために、ゲームの制約を利用します。例えば、バドミントンでは、細長いコートでプレーし、深いショットやドロップショットを強調することがあります。サッカーでは、ディフェンダーよりもアタッカーを多く使う（例えば5対3）、バレーボールでは細長いコートでプレーし、正確さを伴うプレイに焦点を当てる、といった誇張ゲームの例があります（Light, 2016）。修正ゲームは、スポーツの成熟した形態を代表するものであり、ゲームで発生する戦術的な課題を強調するように設計されるべきです（Mitchellら，2021）。デザインの特徴としての誇張の価値は、ゲームの複雑さを減らして、ゲームに必要なスキルや意思決定に集中できるようにすることです。

Adaptation（適応）による修正は、適応として知られるゲームの修正プロセスを通じて、ゲームがビデオゲームにおけるゲームを基盤とした学習デザインを利用できる強力な方法です（Hopper, 2011, 2013; Pagnano Richardsonら，2013）。Hopper & Rhodes（2022, p.12）は、「ゲームの結果、勝利したプレイヤーに挑戦するためにゲームルールが調整され、多様なプレイヤーが、その動きや決断がより公平な成功の機会を提供する互換性のあるアクションスペースに引き込まれる、適応による修正」と述べています。適応による修正ゲームとは、ゲームの修正版であり、3～5回の短いゲームからなり、個人またはチームは一貫していますが、ゲームのルールまたは条件は、各ゲームの後、プレイヤーまたはチームのどちらか一方に対して変更されます。ゲームの条件とは、スペース、得点方法、プレイヤーの人数、ルールなど、変更されたゲームをプレイするために子供が知っておくべきことです（表1参照）。

表1　ゲームコンディション変更オプション（Henninger & Pagnano Richardson, 2016）

	ネット型	ゴール型
スペース	・ベースライン、サイドラインを動かす ・ネットの高さを変える	・プレーイングエリアの拡大 ・プレーイングエリアの減少 ・動けるエリアを制限する
得点方法	・1つのサービスボックスのみで得点する ・ポイントを入れた状態からはじめる ・サーブでの得点はなし	・ゴールからの距離で得点を変える（○mから△点）（X distance from goal） ・大きい・または小さいゴールを使う ・1点のアドバンテージからはじめる
プレイヤーの人数	・プレイヤーを増やす ・プレイヤーを減らす	・プレイヤーを増やす ・プレイヤーを減らす
ルール	・ヒットの追加 ・追加でバウンドやキャッチ、セルフラリーを認める ・投げてサーブ	・オフェンスからはなれてディフェンス（ふれてはいけない） ・必要なタッチ／パス回数を変更する
装置	・短いラケット ・軽い、低反発のボール	・ボールを小さくする ・ゴールを小さくする

ゲームデザイナーである教師は、プレイのルール、つまり子供が変化を選択する条件を説明します。変更可能な条件の具体的な選択肢を提供することで、子供のチャレンジレベルに合わせてゲームを調整することができます。同時に、適切な条件を選択することで、教師は授業の目的や学習成果に沿った適切な技能や戦術的な意思決定に焦点を当て続けることができます。この手法は、ビデオゲームデザイナーがプレイヤーの興味を惹きつけて離さないゲームを開発する方法とよく似ています（Henninger & Pagnano Richardson, 2016）。

アダプテーションゲームでは、前のゲームの勝敗の結果によって、プレイヤーに課せられる条件（ルール）が変化する。例えば、テニスの場合、5ポイント先取で、セルフラリーかスナップキャッチのどちらかを選択してコントロールします。あるプレーヤーがゲームに勝つと、その後のゲームではそのプレーヤーは限られた回数しかセルフラリーを使うことができず、勝てなかったプレーヤーは無制限にセルフラリーを使うことができるようになります。ゲーム条件とは、ゲーム中の特定の行動を許可したり、制限したりするものです。条件の変更は、ゲームの結果によって引き起こされ、勝者がより高い課題に直面することを保証するために行われます。修正された適応ゲームでは、前のゲームで「負けた」子供やチームは、教師が提供する変更条件を選択することで、次のゲームを自分にとってより簡単なものにするか、相手にとってより難しいものにするかを決定することができます。あるいは、教師が「自動的」にゲームを変更し、勝者にとってより挑戦的なゲームにすることもできます（Richardson, Sheehy & Hopper, 2013）。

次は、一連のアダプテーションゲーム具体例です。ヒット＆タッチベースラインは、Tim Hopper 博士から教わったゲームです。

アダプテーションゲーム：ヒット＆タッチベースライン（バドミントン）
（Henninger & Pagnano Richardson, 2016）

ルール / 条件

- ダブルスプレー：連続ゲームを繰り返します（3 ～ 5 ゲーム、各 5 ポイント）。
- ラリーは相手が打ちやすいサーブで始まり、チームメイトは交互にヒットしなければなりません。
- 標準的なスコアリングルールを適用します。
- ヒットの後、プレーヤーはベースライン上に置かれたコーン / マーカーの周りを走ってから再びヒットする必要があります。

ゲーム条件の適応（教師による設計）

- 相手を不利にするために
  - 相手のコーンをベースラインから約 1.5m 先に移動させます（そうすれば、ショットの間に走る距離が長くなります）。
  - 相手のコーンをベースラインのコーナーの一つに移動させます（サイドへの移動が必要になります）。
  - 奥のコーナーに 2 つ目のコーンを追加します（再び、カバーする距離が長くなり、ショット間の方向も異なってきます）
- 自分のチームを有利にするために

・ベースラインから約1.5mのところにコーンを移動させます（ネットに近づけます）。

ヒット&タッチベースラインでは、コーンの周りを走るというルールのため、学生はコート中央に移動して戻るという戦術的な判断が必要です。コート上での移動の際、子供はネットに背を向けることが多く、チームメイトや相手のショットが見えにくくなり、ゲームの結果が悪くなります。条件を選択することで、教師の目的と学習成果に関連した適切な技能と戦術的な意思決定に焦点を当てるために、ゲームを調整することができます。ゲーム条件が変わると、成功したチームもそうでないチームも、ゲームプレイを継続的に適応させることが求められます。その結果、チャレンジレベルが最も適切になり、両チームにとって「良い」ゲームとなります。一連のアダプテーションゲームにうまく参加することで、学びが促進され、子供の有能感（ゲームを上手にプレイする楽しさ）が育つ条件が整います。

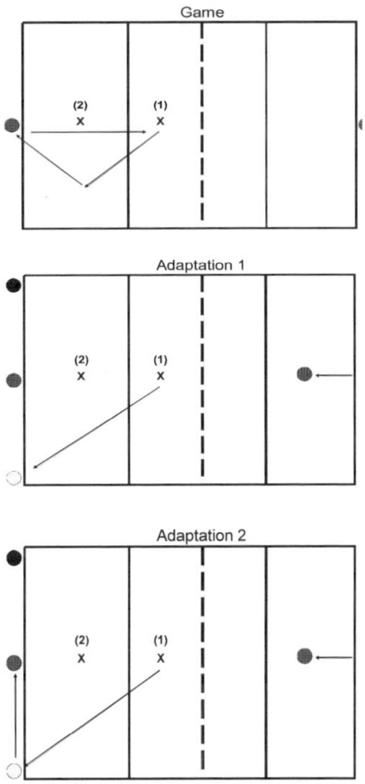

図1　ヒット&タッチのベースライン適応による修正（Henninger & Pagnano Richardson, 2016）

アダプテーションゲームによる修正は、子供のチャレンジレベルを調整し、変化する条件を強調することで、ゲームの特定の戦術的課題に注意を向けることができるため、教師が戦術的状況判断能力（TDC）の発達をさらに支援する機会となります（Pagnano Richardson & Henninger, 2008）。

5.　社会との交流と挑戦

適応による修正で、主要なゲーム条件は、技能に関係なくすべての子供がゲームをうまくプレイできるように、常に修正されます。実際、子供が社会的なつながりやその他の基準に基づいて対戦相手を選べるようにすることは、意欲と関心を高める方法として大いに推奨されます。よく設計されたアダプテーションゲームを使用することで、ゲームの結果が予測不可能になります（つまり、ゲームを行う前に誰が勝つのかがわからないのです）。予測不可能なことは、子供のモチベーションとエンゲージメントを高め、子供の成功につながるもう一つの特徴です。ゲームプレイ中の成功は、より良いゲームプレイヤーになるために必要な学生の持続性を育む重要な要素です（Henninger & Pagnano Richardson, 2016）。

ゲーム条件が変化した結果、両チームにとってより適切なチャレンジとなり、より均等なゲームとなります。互角の勝負は、いつでも誰でも勝てるという感覚につながり、子供のゲームへの執着心を育みます。適切なチャレンジと、ゲームを継続的に適応させる能力によって、子供は成功に必要なスキルと意思決定を身につけることができます（Pagnano Richardson, et al., 2013）。

6. まとめ

ゲーム教育の未来は、伝統的な教育における既存のパワーダイナミクスに挑戦し、ビデオゲームデザイナーのような考え方を体育教師に求めることで、現在のプレイレベルに差がある子供でも「良い」ゲーム をプレーできるような共同環境に根ざしたものです。体育でゲームをデザインする際には、以下を考慮する必要があります。

1. 簡略化されたルール、得点、スペース、用具を使用して、徐々に複雑になっていくゲーム修正の系統性を作成することに焦点を当てます。ゲームデザインを支援するために戦術的な複雑さのレベルを提供する Mitchell ら（2021）など、アダプテーションゲームをデザインする能力を開発するために使用できる多くのリソースがあります。Tim Hopper 博士は、自身の YouTube チャンネル DrTimTennis で、テニスに関する幅広いリソースを作成しています。
2. ゲームの制約条件は、すべての子供が成功できるようなゲームを設計するために使用する「ツール」です。制約には、スペース、時間、用具、人、ルールなどがあります。選択するツールは、子供の学習成果に合わせて選ぶ必要があります。
3. ゲームは、「適応による修正」の原則を適用すれば、多様な経験や能力を持つ子供が一緒に遊べるように設計することができます。
4. ゲームは、ビデオゲームデザインの原則を応用することで、喜びや魅力、やりがいを感じられるようにデザインすることができます。

教師が自らをゲームデザイナーと捉え、子供のニーズに合わせてゲームデザインの原則を自らの創造性で活用することで、優れたゲームが開発されます。

【参考文献】

Bunker, D. & Thorpe, R. (1982) A model for the teaching of games in secondary school, Bulletin of Physical Education, 18: 5-8.

Chow, J., Davids, K., Button, C., Shuttleworth, R., Renshaw, I., & Araujo, D. (2007) The role of nonlinear pedagogy in physical education. Review of Educational Research, 77, 251-278.

Gee, J. P. (2003) What video games have to teach us about learning and literacy. Pelgrave McMillian.

Henninger, M.L. & Pagnano Richardson, K. (2016) Engaging Students in Quality Games. Strategies: A Journal for Physical and Sport Educators, 29 (3), 3-9.

Hopper, T. & Sanford, K. (2010) Occasioning moments in game-as-teacher:complexity thinking applied to TGFU and videogaming. In J. Butler & L. Griffin (eds) TGFU: Theory, Practice and Research (pp.121-138). Human Kinetics.

Hopper, T. (2011) Game-as-teacher: Modification by adaptation in learning through gameplay. Asia-Pacific Journal of Health, Sport and Physical Education, 2(2), 3–21. https://doi.org/10.1080/18377122.2011.9730348

Hopper, T. , Sanford, K. & Fu, H. (2018) Video gaming design: Insights for Teaching Games for Understanding and Sport Education. In J. Koekoek. & I. van Hilvoorde (Eds), Digital Technology in Physical Education, Routledge.

Hopper, T. & Rhoades, J. (2022) Part 2 - Enactivism and learning to play tennis: Modification-by-adaptation enabling action spaces and nonconscious behavioral mimicry. Strategies, 35(6), 10-19. https://doi.org/10.1080/08924562.2022.2120748

Light, R. (2013) Game sense: Pedagogoy for performance, participation and enjoyment. Routledge.

Mitchell, S. A., Oslin, J.L. & Griffin L.L. (2021) Teaching sport concepts and skills: A tactical games approach (4th). Human Kinetics.

Pagnano Richardson, K. & Henninger, M.L. (2008) A model for tactical decision-making competency during game play. Journal of Physical Education, Recreation and Dance, 79(3), 24-29.

Pill, S, (2014) Gameplay: What does it mean for pedagogy to think like a game developer? Journal of Physical Education, Recreation & Dance, 85:1, 9-15.

Richardson, K., Sheehy, D., & Hopper, T. (2013) Modification by adaptation: proposing another pedagogical principle for TGFU. In Ovens, Hopper and Butler (eds) Complexity Thinking in Physical Education: Reframing Curriculum, Pedagogy, and Research. Routledge, New York: NY.

Thorpe, R., Bunker, D., & Almond, L (1986) Rethinking games teaching. University of Technology, Loughborough.

第8章

ターゲット型のゲーム

石井幸司（宇都宮大学）

1. 4つに分類されるボールゲーム

平成20（2008）年に改訂された学習指導要領から、小学校中学年から高等学校までのゲーム領域、ボール運動領域、球技領域の内容がゴール型（ゲーム）、ネット型（ゲーム）、ベースボール型（ゲーム）の3種類によって示されました。その10年前、平成10（1998）年改訂の学習指導要領においては、小学校中学年では、バスケットボール型ゲーム、サッカー型ゲーム、ベースボール型ゲームと示され、小学校高学年では、バスケットボール、サッカー、ソフトボール又はソフトバレーボールが示されていました．平成20（2008）年度に改訂された学習指導要領において、ボールゲームの学習内容が型ベースで整理されたことは大きな目玉となりました。これらの変化は、ボール運動系の指導プログラムに関する国際的な動向が影響しており、「戦術」の類似性に着目してボール運動系を分類するカリキュラムが支持されるようになったと」言えます。

この国際的なボール運動系の指導プログラムである「戦術アプローチ」（L. グリフィン，1999）は、ボール運動系を戦術的な分類視点から、4つの型に分類しています。それは、学習指導要領で示されている「ゴール型（invasion games）」、「ネット型（net/wall games）」、「ベースボール型（fielding/run-scoring games）」の3つに、「的当て型／ターゲット型（target games）」を加えた4つです。ターゲット型のゲームは小学校低学年で示されている的当てゲームになります。ボールゲームを対象とした教材研究で的当て型（ターゲット型）は見過ごされがちですが、一般的なスポーツとしてはとても身近なスポーツとして存在しています。

2. 身近なスポーツとしての「的当て型（ターゲット型）」

代表的なターゲット型の種目としては、「ゴルフ」や「ボウリング」、「カーリング」が挙げられます。さらに、パラリンピックの種目にもなっている「ボッチャ」や「モルック」もその一つです。ターゲット型はその名の通り、「『的』に当てたり入れたりすることができるかどうか」を競い合う運動になります。ゴルフであればグリーン上にあるカップに、いかに少ない回数でボールを入れることができるかを競い合います。ボウリングでは、いかに多くのピンをボールで倒すことができるかどうかを競い合います。そして、カーリングでは、いかにハウスの中心にあるボタンの近くにストーンをおけるかを競い合います。

3. 生涯スポーツとしての「的当て型（ターゲット型）」

「スポーツの実施状況等に関する世論調査（令和4年度）」（スポーツ庁，2022）によると、20歳以上の週1日以上のスポーツ実施率は52.3%だと報告されています。また、この1年間に実施した運動種目について全体では「ウォーキング（62.0%）」がトップで、「体操（14.0%）」、「トレーニング（13.6%）」、「階段昇降（12.3%）」が続いています。同調査による球技系の運動実施率は「ゴルフ―コースでのラウンド―（6.4%）」がトップで、「ゴルフ―練習場・シミュレーションゴルフ―（5.4%）」、「テニス・ソフトテニス（3.0%）」、「ボウリング（2.9%）」、「バドミントン（2.7%）」が続いています。これらの調査から、20歳以上は、個人や少人数で取り組む運動の実施率が高いことが伺えます。さらに、ボールゲームでは上位5つの種目のうち、3つが的当て型（ターゲット型）であることから、的当て型（ターゲット型）は老若男女問わず、実施しやすいスポーツであると言えます。個人競技であるため、他のプレイヤーに影響されず、自分自身の運動パフォーマンスの発揮に集中することができます。そのため、的当て型（ターゲット型）は生涯スポーツとして人気があると言われています。

しかし、現行の学習指導要領には、高等学校の専門学科で的当て（ターゲット型）としてゴルフが明記されている（文部科学省，2018）のみであり、学校体育では的当て型（ターゲット型）はほとんど実施されていないと言えます（高橋・清野，2018）。

4. なぜ「的当て型（ターゲット型）」は学校体育で扱われないのか

学習指導要領に的当て型（ターゲット型）が示されていない理由は、大きく2点あると考えます。1点目は、学校体育（特に小学校）における、ボール運動の特性は主として集団対集団の攻防であると捉えれているからだと思います。実際、小学校学習指導要領解説体育編には、ボール運動は「ルールや作戦を工夫し，集団対集団の攻防によって仲間と力を合わせて競争する楽しさや喜びを味わうことができる運動である。」（文部科学省，2017）と記されています。的当て型（ターゲット型）は、「ゴルフ」や「ボウリング」、「ボッチャ」など個人対個人で攻防する種目が中心です。小学校では、「チームの特徴に応じた作戦を立てたりして攻防を展開できるようにすることをねらいとした学習に取り組んでいる」（文部科学省，2017）ことから、チームで競い合うことを前提としていることが分かります。そのため、個人対個人のゲームになりやすい的当て型（ターゲット型）は、学校体育で示されている目標に適しているとは言えないため、小学校中学年以降の学習指導要領に記されていないのかもしれません。

2点目は、的当て型（ターゲット型）の運動量の少なさです。的当て型（ターゲット型）は、ボール等を目標物に当てたり倒したりする正確性が求められる運動です。少ない試技で確実な成果を得られるか、多くの試技で堅実な成果を得られるか（長澤, 2002）が勝敗を決めます。そのため、時間をたくさん使い、自分のペースで集中して最適な運動パフォーマンスを発揮することが求められます。つまり、他の型と比較しても、的当て型は自然と運動量が減少する傾向があります。このような特徴から、体力の向上にはあまり効果が期待できないと言われています（長澤，2002）。他にも、運動スペースの確保ができないことや、用具・教具が普及していないこと、安全面の問題などが、小学校中学年以降の学習指導要領に記されていない理由と言えます。

5. 「的当て型（ターゲット型）」をデザインする

1)　低学年における的当て型（ターゲット型）ゲームの具体例

低学年での的当て型（ターゲット型）ゲームは、的やゴールに向かって投げたり蹴ったりする簡単な規則で行われる易しいゲームです（図1)。低学年の子供の発達段階において、攻守が入り混じり、状況が急激に変化するゲームは、子供たちが規則や動き方を理解し、適切に意思決定するのが難しい場面が多くなります。また、チームワークを重視する場面が多いゲームでは、まだ、他者との協力やコミュニケーションの力が未発達の子供たちにとって、十分

図1　低学年で行われているターゲット型ゲーム

な学びの機会となりにくいことが考えられます。低学年においては、攻守が入り混じったり攻防が激しく入れ替わったりするゲームを初めから導入することは全ての子供に学習内容を定着させるのに適しているとは言えません。そのため、初めはできるだけ簡単な規則で、何を競い合っていることが明確に分かり、子供一人一人が活躍できるゲームをデザインする必要があります。そして、子供たちの実態を踏まえて、段々と型ベースの攻守が入り混じったゲームに発展させていくことが大切です。したがって、攻守を交代しながら、「攻めている」のか「守っている」のかが明確に分かるようなゲームを通して、的を当てることができるか／できないかを競争することを楽しめることが重要になります。

そこで、梅澤・矢邉（2015）を参照して低学年における的当て型（ターゲット型）ゲームをデザインしました（図2）。ゲームデザインの要点は、大きく4つあります。まず、1点目は攻守分離と攻守交代制の導入です。守る側だけが入れるゾーンを設定したり、前半と後半で攻守が入れ替わったりするようにすることで、攻めと守りが明確になり、全ての子供がゲームの状況を分かりやすく素早く判断できるようになります。2点目は、ボールの工夫です。低学年の子供でも片手で持てる柔らかいボールを導入します。これにより、当たっても痛くなく、守備に怖がらずに参加できるようになります。梅澤（2016）は、このようなケア的なメッセージを発している共感的な用具は、子供のダイナミックな動きを誘発すると述べています。各子供が1つのボールを持つことで、何度も的を倒す挑戦が可能です（図3）。3点目は、攻め側より守り側の人数を減らすことです。これにより、守りのいないスペースが見つけやすくなり、スペースに走り込んだり、ボールを持っていない仲間にパスをしたりする動きが生まれます。4点目は、的の工夫です。コート中央に大きな段ボールと重ねた段ボールの2種類の的を配置します。ボールが的に当たると、大きな段ボールが倒れたり、重なった段ボールが崩れたりすることで、子供たちは達成感を味わうことができます（図4）。

このように意図的にデザインされた的当て型（ターゲット型）ゲームを通して、子供たちは自然とチーム内でパスをする姿が見られるようになってきました。守備にマンマークをつかれてしまうとうまく的に当てられないと気付いた子供たちは仲間にパスをし始めたのです。そのことで、自分のボールを投げ終わり、ボールを持っていないときにどこに動けばよいかを考えるようようになりました。また、ボールを投げるのが上手な子が守備を引き付けてから、仲間にパスをして、的を倒す場面もありました。

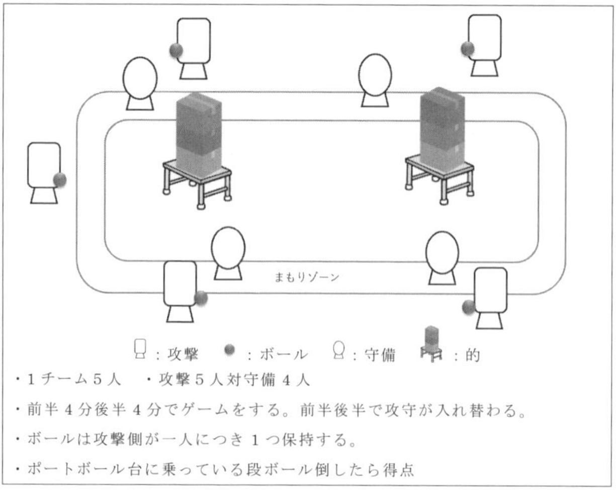

図2　主なルールとコート図

ボールを投げて的を倒すことを目的として、技能発揮することを遊びながら楽しむことを通して、運動パフォーマンスを高めていくことが低学年の的当て型（ターゲット型）で大切なことと言えます。そのためには、動きを誘発するようなボールや的、規則の工夫を通したゲームデザインが欠かせません。

図3　的をめがけて力強く投げる

図4　大きな的が倒れる

2）ボッチャを基にした的当て型（ターゲット型）ゲーム

高橋・清野（2018）によれば、ターゲット型は、難易度の調整が容易であることから技能の差に関係なく誰でも実施でき、個に応じた運動選択され取り組みやすい運動であると述べています。そこで、一人一人の能力差に応じた運動への参加ができるように、ボッチャを基にした的当て型（ターゲット型）ゲームをデザ

図5　個に応じた投げ方

図6　簡単な作戦を選ぶ

インしました。

ボッチャはボールを転がしたり投げたりして、目標に近づけられるかどうかがおもしろい運動です。このおもしろさに全ての子供が触れられるように工夫するゲームデザインのポイントは2点です。まず、一人一人に応じてアダプテーションを施したりして、全ての子供が参加できるようにします。具体的には、1人1人の技能に応じて投げる位置を近くしたり、投げるボールを大きくしたり、目標物を変えたりして、目標物に近づけることそのものを楽しめるようにします（図5)。次に、協力プレイの導入です。ボッチャは基本的に個人競技ですが、協力プレイを取り入れてみることで、子供同士がチームを組んで楽しむことができます。チームワークが求められる要素を導入することで、子供同士の交流や協力が生まれます。さらに、チームで協力して目標に近づけたら得点が2倍になるルールを導入します。このことにより、子供たちは、どのようにすればチームでできるだけボールを的に近づけられるかについて、簡単な作戦も選ぶことができます（図6)。具体的には、相手のボールをはじく「ドーンと作戦」や、仲間のボールを的に近づける「なかまサポート作戦」などです。ボッチャは自分の運動パフォーマンスを発揮する機会と自分ペースで取り組める時間が保証されているので、子供たちは安心して取り組めることができました。さらに、的当て型（ターゲット型）は比較的軽運動であるということは、裏を返せば体力差の影響が少ないことです。これらを考慮することで、技能差がある子供同士でも参加しやすくなります。

6. 「的当て型（ターゲット型）」での豊かな経験がゲームの学びを左右する

低学年では、ボールを投げたり蹴ったり打ったりする「送り出し」や、逃げたりかわしたりする「突破」の技能を発揮するための効果的な参加を理解し、それによって技能が向上することが学習内容の中心です（鈴木，2022)。その中でも、的当て型（ターゲット型）ゲームでは、ボールを目的地に送り出せるか／どうかを通して、「送り出し」の技能発揮を学びます。また、低学年のゲーム領域には、これまでに取り上げてきた的当て型（ターゲット型）ゲームに代表される「ボールゲーム」に加えて、「鬼遊び」も含まれています。鬼遊びでは、攻め手が鬼（守り手）に捕まらないように巧な動きでかわすことが求められます。この動きは中学年以降の型ゲームにも通じています。例えば、バスケットボールやサッカー、ハンドボールなどのゴール型のゲームでは、相手をかわしてからボールをゴールに入れることが課題となります。つまり、味方と相手が入り交じりながら得点を競い合うゴール型は、「鬼遊び」の相手をかわす課題と、「的当て型（ターゲット型)」の的(ターゲット)にボールを運ぶ課題が組み合わさった競争課題で成り立っています。そのため、的当て型（ターゲット型）では、全ての子供が参加しやすく、動きを誘発するようにデザインされたゲームを通して、子供自身が送り出したい的に向かってボールを運ぶことをめぐる攻防を楽しむことが大切です。この的当て型（ターゲット型）の豊かな経験が後のさまざまな型ゲームへ発展につながっていくのです。

【参考文献】

リンダ・L・グリフィン（1999）高橋健夫・岡出美則（監訳）ボール運動の指導プログラム―楽しい戦術学習の進め方―，大修館書店.
文部科学省（2017）小学校学習指導要領解説体育編，東洋館出版.
文部科学省（2018）高等学校学習指導要領解説保健体育編，東洋館出版.
長澤光雄（2002）体育の学習内容としてのターゲット型ボールゲームに関する一考，秋田大学教育文化学部教育実践研究紀要 24：pp.43-51.
スポーツ庁（2022）スポーツの実施状況等に関する世論調査（令和４年度).
鈴木直樹（2022）「ゲーム・ボール運動・球技」授業づくりマスターガイド，明治図書出版株式会社.
高橋憲司・清野宏樹（2018）学校体育授業におけるターゲット型ゲーム導入の提案―知的障害特別支援学級での体育授業実践から（2）―，愛知学泉大学現代マネジメント学部紀要 6（2)：pp.9-15.
梅澤秋久・矢邉洋和（2015）低学年「ゲーム」での互恵的学び合いの実践例，体育科教育 63（7)，大修館書店：pp54-56.
梅澤秋久（2016）体育における「学び合い」の理論と実践，大修館書店.

第9章

ゴール型のゲーム

羽石架苗（Western Colorado University, USA）

1.　ゴール型のゲームの特徴を生かした指導

ゲーム中心の指導アプローチを使ったゴール型のゲームを指導をする上で、まず、ゴール型のゲームの主な特徴を理解しておくことが、修正されたゲームをデザインする上で重要となってきます。ゴール型のゲームは、相手の領域に入り込んでゴールを決めたり、ポイントを奪うことがゲームの最終目的です。一般的に、ゴール型のゲームは、ボールをコントロール、キープしながらゴールを奪えるようにすること、そして、自分のチームのゴールを守るためにチームワークを生かしながらプレーしていくファーストペースなゲームです。ゴール型のゲームの例としては、サッカー、ハンドボール、バスケットボール、ホッケー、ラクロスといったゴールに得点をするゲーム（ゴール型）と、ラグビーやフリスビー、アメリカンフットボールなどのようにエンドゾーンに入り込んで得点するゲーム（エンドゾーン型）があります。

そのようなゴール型のゲームの特徴を生かして、修正ゲームをデザインし、様々な戦術や技術を指導する必要があります。攻撃面では、ボールを持った時に味方や敵の位置に対応した素早い状況判断力、敵のディフェンスの中で正確に技能を発揮する技術力、ボールを持っている味方へのサポートの動き（例えばタイミングやサポートの角度）などが大切となってきます。多くのゴール型のゲームは、1つのボールを両チームの子供が競うので、1人1人の子供がボールを保持して

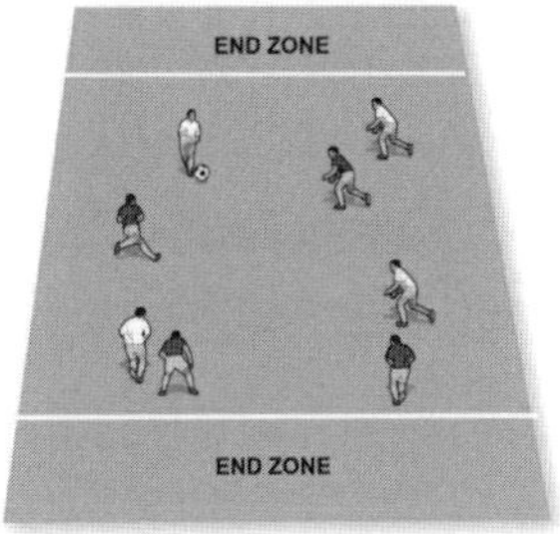

エンドゾーン型

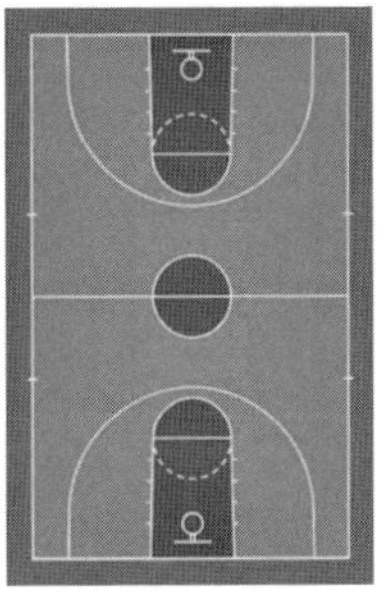
ゴール型

いない時間の方が多く、ボールを持っていないときにいかに効果的な動きをするかということを指導することがとても大切です。守備面では、1対1の守り方、味方のディフェンスをカバーする動き、シュートをブロックする動き、そして、ゴールキーパーの技術と戦術の指導をする必要があります。さらに、ゴール型のゲームは、常にゲームが動いていて、味方も敵も混ざった中でゲームが行われるので、2つ3つ先の動きを予測する力を子供のうちから養うことも大切です。この章では、具体的にどのようにゴール型のゲームを修正したらいいのか、いくつかのポイントをまとめてみます。

2.　戦術と戦術課題の定義

ゲーム中心の指導アプローチの根本は、戦術指導にあり、ゲームの中で、戦術を教えながらゲームに使える技能を指導していくことにあります。そこで、修正されたゲームのデザインを考えるときに、まずどのような戦術を指導したいのかを明確にする必要があります。戦術と聞くと難しいイメージがあって、特に小学校の体育の先生の中では、体育授業の中で戦術指導をすることに抵抗のある先生もいます。しかし、戦術とは、ゲームの状況に応じて的確なポジションに動くこと、ボールを持った時に効果的に状況を判断して次のプレーにつなげる能力といった、意外とシンプルなものです。

ゴール型のゲームにおいての代表的な戦術課題の例として以下のようなものがあります。

【攻撃面】
- ボールをキープする
- ゴールに向かって攻める
- 攻撃のためのスペースを作る
- 作られたスペースを効果的に使う

【守備面】
- スペースを守る
- ゴールを守る
- ボールを奪い返す

表1は、戦術課題の実例として、サッカー指導においての、戦術とそのレベル分けを示します（Mitchell ら, 2020）。そして、戦術課題もレベル分けすることで、指導する子供に合った戦術を明確にすることができます。

表1　サッカーの戦術とそのレベル（Mitchell Oslin, and Griffin, 2020）

サッカーの戦術とそのレベル					
戦術課題	戦術のレベル				
	レベル 1	レベル 2	レベル 3	レベル 4	レベル 5
攻撃面					
ボールをキープする	ドリブル パスとトラップコントロール	ボールを持っている人のサポート		ロングパス 腿や胸でのトラップコントロール	
ゴールに向かって攻める	シュート	シュート ターン	ターゲットプレーヤー		
攻撃のためのスペースを作る			ダイレクトパス	オーバーラップ	クロスオーバー
作られたスペースを効果的に使う				幅のある攻撃（ドリブル、クロス、ヘディング）	深さのある攻撃（走り出しのタイミング）
守備面					
スペースを守る		マーク、ボールへのプレッシャー	ターンをさせない	ボールをクリアーする	遅らせる守備、味方の守備をカバー、リカバリー
ゴールを守る		ゴールキーパーポジション、レシーブ、スローイング			シュートブロック、シュートキャッチ、キック、パント
ボールを奪い返す			タックル（ブロック、突く）	タックル（スライディング）	
リスタート					
スローイン	スローイン				
コーナーキック	ショートコーナー		ニアポスト		ファーポスト
フリーキック			攻撃フリーキック		フリーキック守備

3.　攻撃型ゲーム修正・デザインのポイント

指導目的によってゲームを効果的に修正するためには、いくつかのポイントがあります。まず、ゲームを修正する前に、以下のことを考える必要があります。

・子供たちに合った、戦術の簡易、複雑さのレベル

・課題とする戦術の強調度

・子供たちの技能のレベル
・実際のゲームとのつながり

そして、ゲームを修正する上で、以下の2つの目的があります。

1. 子供たちがプレイできるようにゲームを修正する（Game Representation）
2. 指導したい戦術を強調するためにゲームを修正する（Game Exaggeration）

その目的2つを上手に合わせてゲームを修正・デザインしていくことが大切です。更に、修正の方法として以下の5つの要素を修正していくことで、指導目的に合ったゲームをデザインすることができます。

A. ルール
B. 子供の数
C. プレーの領域
D. 用具の工夫

これらのゲーム要素工夫しながら、具体的にどのようにゲームを修正・デザインしていくのかを以下の項目で詳しく説明します。

A.　ルールを修正してゲームをデザインする

先ほど述べたゲームの修正目的（Game Representation と Game Exaggeration）に応じてルールを変えたり付け加えたりします。例えば、ゴール型のゲームの中で、短いパスをつないで、ボールをキープすることが、授業の戦術課題だったとします。その場合、パスの部分を強調するために、子供たちはワンタッチかツータッチでパスをしなければならないというルールを付け加えます。（スリータッチ以上した場合は、相手チームのボールになる。）又は、「3回ボールをつないでからでないとシュートをしてはいけない。」というルールも、子供のボールキープの指導でよく使われるルールです。

また、サッカーやラクロスなどの指導において、サイドからの攻撃を戦術課題とした場合、通常のサッカーフィールド（又は小さめのフィールド）に、図1のような領域を作ります（星の領域）。そして、この領域を一度ボールが通ってからではないとシュートをしてはいけないというルールを作ります。そのことで、ボールの流れが、外（サイド）に一度開いてから、

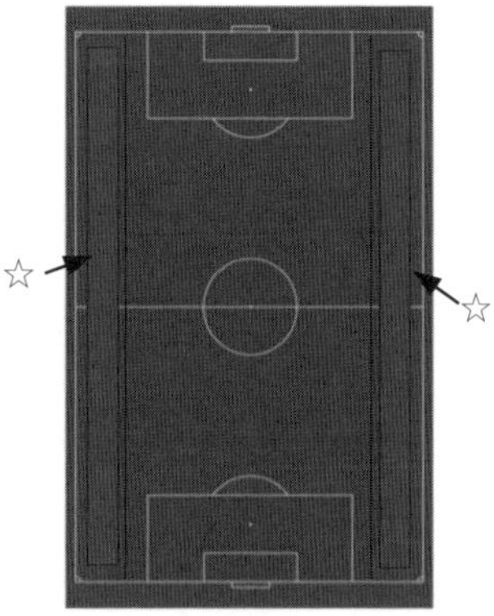

図1

中央に入ってくるという流れになります。そのボールの流れで、クロスを上げてシュートを決めるといった攻撃戦術の指導につなげることができます。

B.　プレイヤーの数

次に、作ったフィールド・領域を、一度に何人の子供が使うかを検討します。これは、フィールド・領域の大きさや形を考えたときに、同時に考えます。見ている子供が少ないように、必要であれば、フィールドの数を増やします。例えば戦術課題が、細かいスペースでの素早い判断力や、狭いスペースでの技能の精度を上げることなどが含まれている場合は、子供の人数に対して、スペースを狭くした方が良いでしょう。逆に、技能レベルの低い子供や、幼児、低学年生などは、ゲームの中での判断に時間がかかったり、技能のレベルも低いので、子供の人数に対して、できるだけ大きめのスペースを確保できるようにします。そのフィールド・領域の大きさと子供の人数の比は、指導者として、授業を観察しながら、必要があれば、授業の中で柔軟に変更する必要があります。そうでないと、目的とする戦術課題を効果的に練習できないという結果につながってします。

さらに、チームを分ける上でも、意図を持って行うことが重要です。幼児や小学生においては、様々なレベルの子供がいる中で、それぞれの長所を生かしながら、みんなが助け合って、チームワークを向上していくという課題に向けて、チームの能力が均等になるように配慮しながらも、チームをランダムに分けることをお勧めします。

C.　プレイの領域

フィールドに対しての子供の数を考えるときに、戦術課題によって、ゲームの領域の大きさや形を考えます。ここでも、子供たちにとって、課題とする戦術がいかに効果的に練習できる環境を作るかということを重点に考えます。プレーする領域を考える時に、以下のようなことを工夫します。

- 小さい？大きい？サイズの領域
- 横長？縦長？
- 四角？三角？
- ゴールの数は？
- ゴールの場所は？

例えば、サッカーの例で、サイドを変えながら攻撃をしていくことが戦術課題だったとします（サイドチェンジ）。その場合、図２のような、横長で４つゴールがある領域を設定をします。ここで、プレーする領域を「横長」にすることで、縦に進むのにはスペースが少ないが、サイドチェンジをすることによって攻撃するスペースを作ることを促すことができます。更に、攻撃するゴールが２つ、守るゴールが２つあることで、いかにサイドを変えながら効果的に攻撃をするかという戦術を指導することができます。

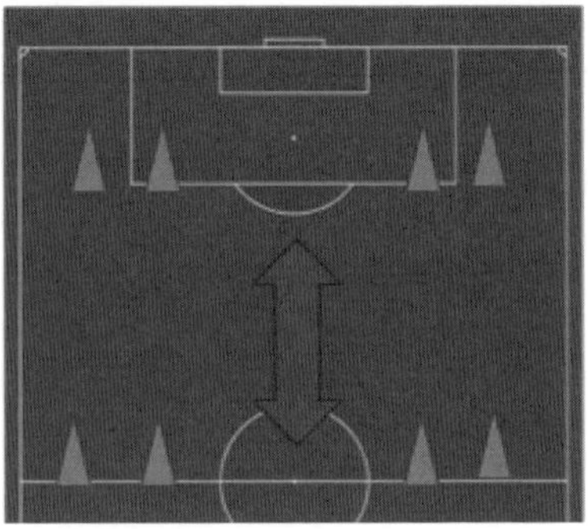

図２

このように、フィールドや領域を効果的に設定することが、ゲーム中心の指導アプローチを使ってボール型ゲームをデザインする時にとても重要となります。

D.　用具の工夫

ゴール型のゲームの指導において、用具を工夫することで、課題戦術を効果的に練習したり、技能レベルの向上を待たずに戦術を学ぶことで、子供たちがゲームの楽しみを味わいながら、ゲームを学ぶことができます。例えば、バスケットボールの授業において、通常のバスケットボールフープを使うのではなく、高さを変えたフープを使ったり（図３）、図４のように、フラフープをつなげたり、バケツを使ってフープの代わりにすることができます。ボールも、通常のバスケットボールを使うのではなく、大きさや重さの違ったボールを子供の能力に合わせ

図３

図４

て使うことができます（図 4）。逆に、用具を工夫することで、ゲームの内容を難しくすることもできます。例えば、戦術と技能を上げるために、通常より小さめのボールを使ってみるとか、ゴールを狭くしてみることもできます。このように用具の工夫することで、子供たちの能力や、授業目的に合ったゲームのデザインをすることができます。

4.　ゴール型のゲームの修正とデザイン

ゴール型のゲームは、体育の授業の中でも幅広い年齢層の子供たちに指導されています。基本的に待ち時間が少なく、限られた時間の中で子供の運動量をあげることができ、チームワークなどの協調性を教えることができます。ゲーム中心の指導アプローチ（戦術学習指導）を授業指導に取り入れるにあたって、ゴール型のゲームは、その主流を占めるとも言えます。しかし、そのテンポが早いゴール型のゲームも、修正ゲームのデザインを効果的に工夫しなければ、課題とする戦術とは外れた指導になってしまいます。更に、子供たちの能力に合わないゲームを使って指導しようとすると、子供たちが楽しくなくなり、学ぶためのやる気を損ねてしまいます。

指導する子供たちの能力や、授業での戦術課題のレベルを定めた後、指導したい戦術を強調するために、子供たちがプレーできるように、ゲームを修正・デザインします。この章では、ゲームを修正・デザインするために工夫できる四つの要素について詳しく説明しました。これらの要素を修正・デザインすることで、授業の戦術課題を強調して指導することができるだけでなく、低学年の子供や能力の低い子供たちもゲームを楽しみながら学ぶことができます。ゲーム中心の指導アプローチの指導においては、指導者がいかに効果的にゲームを修正できるかが成功の鍵となるのです。

第 10 章

ネット型のゲーム

Tim Hopper（University of Victoria, Canada）
（翻訳：滝沢洋平）

1. はじめに

この章では、Bunker & Thorpe（1986）が Teaching Games for Understanding（TGfU）というアプローチで初めて紹介したアイデアをもとに、ネット型のゲームのカテゴリーでどのように修正されたゲームをデザインするかに焦点を当てます。このカテゴリーは、テニス、ピックルボール、バレーボール、バドミントンなどのゲーム（ネット越しに相手コートにボール等を飛ばしてゲームする）と、スカッシュやラケットボールなどのゲーム（ボール等を囲われたエリア内のターゲットとなる壁にボールを交互にヒットさせてゲームする）を指します。

これまでの研究では、ゲームにおける遊びの原則（Hopper, 1998）、ゲームリテラシー（Hopper, 2004）、教師としてのゲーム（Hopper, 2011）、最近では、密接な行動空間を促進するゲームのデザイン（Hopper & Rhodes, 2022a, 2022b）について論じてきました。これらの論文に共通するのは、ゲームを生態系として理解し、あらかじめ定義されたルールの中で、ある道具を使って、プレイヤーの行動を可能にする環境を作り上げることでした。テニスに関連して Hopper & Rhodes（2022a）で述べられているように、プレイヤーはゲームの制約の中で、アクション・スペースと呼ばれる関与能力を持ちます。アクション・スペースとは、「あるプレイヤーの行動、つまり過去の経験や現在の学習から得た活動を行う能力が、ゲーム構造や対戦相手の行動によって相互につながり、可能になったり制約されたりすること」（p.4）です。このように、ゲームにおけるプレイヤー／課題／環境の関係は、自己組織化構造を生み出し、プレイヤーがゲームのルール、境界、用具との関係において、動き、技能の実行、感情的反応を通して相手とダイナミックなプロセスに関与します。ネット型のゲームにおいてプレイヤーがラリーをするとき、相手より長くそれを続けようとする参加型の感覚形成プロセスを促進し、ショットの位置、反応のスピード、ボールに加える力に関してラリーの中で暗黙のうちに学習します（Hopper & Rhodes, 2022a）。一方の選手の能力が他方より高ければ、限られた関わり合いの中で、ゲームはすぐに終了します。しかし、誰が勝ってもおかしくないような接戦であれば、プレイヤーはこの参加型の理解プロセスを通じて、よく組織化されたゲームの喜びを味わうことができます。私の経験では、テニスやピックルボールなどのネットゲームにおいて、子供はアクション・スペースが異なるプレイヤーとの対戦を避けるため、苦手なプレイヤーが一緒にプレーしても、ゲームに対する感覚が乏しいままになってしまうことがよくあります。本章では、ピックルボールを例に、能力に関係なく仲間との学習を促進するために、どのように修正されたゲームを設計することができるかを紹介します。

2.　参加型理解：戦略的な原則と戦術的な構成要素

戦略的な原則とは、ネット型のゲームの構造に関与することを可能にするプレイ方法を指します。例えば、最初の戦略的原則は一貫性であり、相手よりも頻繁にボールをキープすることです。戦略的な原則は、ゲームの性質（バレーボールでは 2 人、3 人、6 人）やスカッシュの共有壁によってネット型のゲーム間で異なることがありますが、戦略的原則は同様のパターンに従っています。例えば、国際テニス連盟（ITF）は、他のネット型のゲームにも容易に適用できる、5 つの戦略的原則（図 1）を提案しています（ITF アカデミー，2021）。同様に表 1 では、Hopper（1998）が、ネット型のゲームで技能を伸ばすために取り組むべきプレーの 3 つの原則を提示しています。これらの例に共通するパターンは、ボールをキープすること、コートエリアをカバーするポジショニング、相手コートに攻撃する際のショットの位置、そして自分の強みと相手の弱みに基づいたボールコントロールです。ボールのスピンやパワーをコントロールする能力は、プレイヤー

表 1　ITF の 5 つの戦略的なプレー原則と Hopper のプレー原則を挿入

ITF アカデミーの戦略的なプレー原則	ホッパーのプレーの原則
1. 一貫性 2. 相手を動かすこと 3. 良いコートポジションを維持する（回復） 4. 長所を活かす 5. 相手の弱点を突く	1. 一貫してボール等を返す 2. ポジショニング 3. スピンとパワー

の能力を反映しています。

戦略とは、全体的な目的を達成するために設計された行動計画のことです。戦術とは、戦略的な目標に基づき、ゲームの中で特定の結果を達成するために組み合わせることができる、一般化されたアイデアを指します。Mitchell ら（2021）や Hopper（2011）が指摘するように、戦略的な原則を実行するために、時間、空間、リスク、力の戦術的要素を使用することができ、それらは相手より優位に立つためのプレイ方法を指します。

時間の戦術的要素とは、ゲーム内でショットを効果的にセットアップして実行するための時間を作り出すか、相手の時間を奪うかのいずれかを意味します。ネット型のゲームの初心者プレイヤーに対する指導のほとんどは、プレイヤーが選択したストロークを実行するための時間を作り出すことができるように、用具やルールを変更させることです。上級者になると、この逆で、ボールの飛行軌道の早い段階でボールを打つ、より強い力でボールを速く飛ばす、テニスのボレーショットやバレーボールのネット際のブロックで、相手がリカバーする前にボールを素早く相手コートに送り出すなど、相手の時間を奪うプレーができるようにします。

スペースの戦術的要素とは、相手がショットを打ったときに、送り出されてきたボールを落とさないようにエリア（コートスペース）を守ることです。逆に、相手のコートにボールを送るとき、どこに送れば相手がボールを返すのが難しいか、不可能になるかということを意味します。スペースとは、要するに攻撃のターゲットエリアのことで、多くの場合、相手の横、前、後ろにスペースを開けるために、相手を動かせるようにします。

フォースの戦術的要素とは、プレイヤーがボールに力を加えてプレイする能力のことです。フォースは、ラケット、パドル、または手でボールに勢いをつけるために、プレイヤーの動きと体の動きによって生成されます。フォースは、ボールの方向、深さ、スピン、スピードに影響し、相手コートのターゲットエリアとの関係で、ボールに発生する制御されたパワーの程度に関係します。

リスクの戦術的要素とは、ゲームの得点状況や相手の能力に応じて、ゲームプレイのダイナミズムに注意を払うことを指します。ゲームのあるポイントにおいて、どのようなリスクをとって相手に挑むかを決める必要があります。リスクは、（1）相手の攻撃的なプレイに対抗するためにコートを守る、（2）効果的な先読みによって、弱いショットを打たれたり、攻撃のチャンスが訪れたときに相手のコートを攻撃する、(3) 相手のプレイを打ち消したり、中立のポジションを維持したりして、ポイントを失うのを減らす、という 3 つに分けられます。また、相手を混乱させるために予想外のことをすることもリスク要因のひとつです。

3. ゲームデザインツール

Bunker & Thorpe（1986, p.8）は、「子供たちは、プレイするゲームのルールを、それがどんなに簡単なものであっても、理解する必要があります。さらに、ルールはゲームに時間と空間の制約を与え、得点（ゴール）の決め方を示し、さらに重要なことは、必要なスキルのレパートリーを決定することであることを忘れてはいけません。ゲームのルールを変更することは、採用すべき戦術に影響を与えることは自明である」と指摘しています。

ネット型のゲームの中で、教師はゲームを設計し、ルールに変更を加え、制約主導型アプローチと呼ばれるものを採用し、子供が異なる戦略原則を強調し、学ぶのを助けることができます(Renshaw & Chow, 2019)。例えば、図1を参照すると、初心者の学習者がゲームをプレイできるようにするための制約は、(1) 受信と送信を容易にするためにプレイするボールを変更する（例:テニスの低圧縮ボール、クッシュボール[注1]または高密度低反発スポンジボール)、(2) 打ちやすい用具を使う（例：バットを軽く、短くする)、手を使う、(3) ネットや壁のラインの高さを調整し、ネットやラインを高くすることでストロークする時間を長くする(例:ネットの注意テープ)、(4)コートのサイズを小さくしたり、プレイヤーによってコートのサイズを変えたりして、コートエリアの防衛やボールのリターンを容易にします。図 1 は、使用可能な用具を示したものです。コートエリアやターゲットエリアの大きさを調整するためのラインマーカーやコーナーマーカー、ショット後のリカバリーポジショニング（ホームベースと呼ぶことが多い）を示すポリスポットマーカー、複数のコートでネットを張るときに使うコーションテープ、屋外のピッケルボールよりも硬くて重いインドアピックルボール（スロー)、バットにボールを引っ掛けてボレーに取り組むクッシュボールなどがあります。

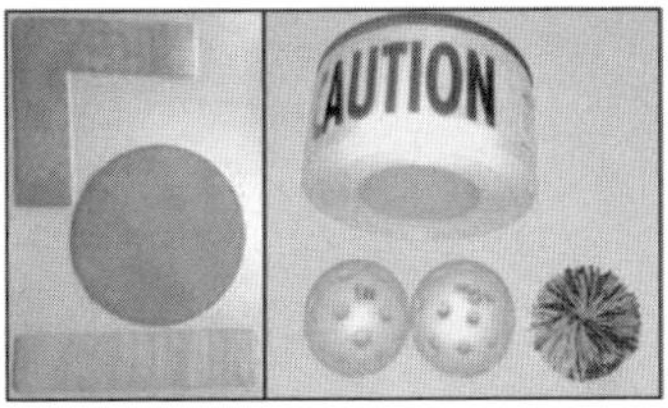

図 1　ピックルボールの学習環境を変更するために使用される代表的な用具

図 2 に示した基本的なゲーム構成は、プレイヤーがプレイを開始するために必要な

すべての知識です。Thorpe と Bunker（1986）は、簡略化したゲームから始めることを提唱しており､これを「代表的デザイン」と呼んでいます。このゲームは、意図された大人のゲームの主要な要素を備えているが、簡略化された形になっています。つまり、表2を参考にすると、「相手よりも長くボールをプレイし続ける」という共通の目的を持つネット型のゲームでは､ボールをはじくのではなく、キャッチやスローといった｢インプレー｣のルールで教えることができます｡｢サービスルール」は、小さいサイズのコートの境界線をベースに、大人のゲームに見られるようなサービスエリアを設けて、そこにサービスを入れるようにします｡同様に、大人のゲームの｢得点ルール｣は、相手がボールをアウトオブプレーやネットに出したり、ボールを返さなかったりした場合に使うことができるようにします。Representation（発達適合的再現）ゲームでは、大人向けゲームの主要な要素を簡略化しています。

表2　ゲームの中核となるルール要素

先生：ゲームの戦略的・戦術的な目的
目的：ゲームカテゴリーに基づくゲームの目標
ルール：
1. 得点の獲得
2. スタート／リスタート
3. インプレー

Thorpe & Bunker が提唱したもう一つの重要な修正されたゲームのデザインは、Exaggeration（誇張）ゲームです。このゲームは、対象となる大人のゲームの主な代表的要素を備えているが、学習者に（暗黙のうちにではあるが）概念として「教えるべき」特定の戦術的問題に基づき、ゲームのルールに修正を加えて設計されています。ゲームデザインは、学習者を特定のプレイパターンを学び、そのプレイパターンを実行するために必要な技能を学ぶことに限定しています。例えば、テニスやピックルボールでボレーショット（ボールがバウンドする前に打つこと）でポイントを獲得した場合、2ポイントを与えることができるます。ボールがバウンドする前にボレーするために前進することを奨励し、それがいかに相手の時間を奪うかを理解し、グリップや早いセットアップなど特定の技能の基礎の必要性を認識させ、ボレーすることを助けます。

最後のゲームデザインツールは、Thorpe と Bunker（1986）のゲームデザイン原則に加え、Hopper（2011）が提案した MbA（Modification by adaptation：適応による修正）で、「互角のゲームの競争性」（p.8）を促進することに焦点を置いています。簡単に言えば、MbA では、ゲームの結果が、勝利したプレイヤーに挑戦するためにゲームルールを調整することにつながります。この「適応」によって、多様な能力を持つプレイヤーが、より平等なアクション・スペースで競い合えるような条件が整います。アクション・スペースの互換性を高めることで、スペースを守るための移動やゲーム中の戦術的な意思決定の機会が、どちらのプレイヤーにも同じようにアクセスでき、より公平な成功の機会を提供します。この変更により、劣勢なプレイヤーはゲームに参加し、より能力の高い相手に挑戦し、より困難な状況下であっても、より効果的なスキルを身につける動機付けとなります。そして、このゲームデザインは、あらゆる能力を持つプレイヤーとの参加型理解プロセス、つまり動きのある対話を促進します（Rhodes & Hopper, 2022a)。例えば、テニスやピックルボールなどのゲームで使われるシンプルな MbA ツールは、ショットを打つ時間を作るためのセルフラリーと呼ばれるものです。図 2 に示すように、セルフラリーとは、プレイヤー A がボールをサーブし（(1) 参照)、プレイヤー B がコントロールヒットをし、ボールに対するポジショニングを調整してからボールを返す（セルフラリーとして（2）参照）ものです。Hopper & Rhodes（2022b）がセルフラリーで述べているように、「到着したボールは、セットアップの時間を与えるために、プレイヤーが頭の高さより上に打ち上げる ... プレイヤーはボールを自分の前で跳ねさせ、インパクトゾーン（体の前の待ち / 膝の高さ）に入ったところで返す」(p.13)。適応のためのルールとしては、このエクストラヒットは、前のゲームで負けた選手や、ポイントスコアで負けたときに使うことができます。図 2 の B 選手の場合、体をセットアップし、ボールを相手コートにねらって（ねらい撃ちの（3）参照）相手を動かす時間が増えたことになります。この単純な利点は，B 選手がより能力の高い相手と競争できることを意味します。このように、B 選手は、ボールをプレイに入れること

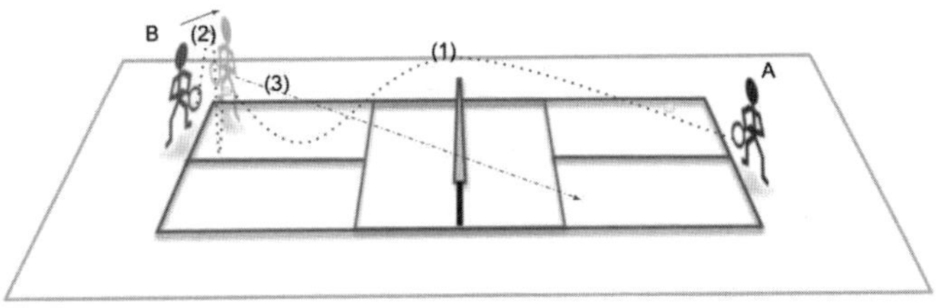

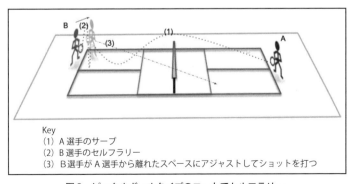

Key
(1) A 選手のサーブ
(2) B 選手のセルフラリー
(3) B 選手が A 選手から離れたスペースにアジャストしてショットを打つ

図 2　ピックルボールタイプのコートでセルフラリー。

に一貫性を持たせ、適切な練習の後、相手を動かすためのショットのねらい方を学ぶことで、戦略的原則を学んでいます。

4.　プレイ後の目的別練習

TGfU のプレイ - 練習 - プレイのアプローチでは、修正されたゲームのルールは、ボールに対する力を発達させるとともに、時間と空間をコントロールするプレイヤーの能力に影響を与えます。Bunker & Thorpe（1986）が強調するように、修正されたゲームから「子供は、特定のゲーム状況で必要とされる特定の技能を向上させるための戦術的必要性を理解し始めています」(p.7)。理論的には、観察は、ゲームでの技能の適用に関連するスキルの練習につながります。どうすればできるのか」と尋ねる学習者は、制約主導型アプローチ（Opposite Direction, 2022; Renshaw & Chow, 2019）が示唆するように、生態力学で「繰り返しのない練習」と呼ばれる目的に沿った練習の必要性を設定します。これは複雑なプロセスであり、私や他の人が以前、オンラインリソースでより詳細に解説しました（Hopper, 2022)。しかし、重要な考え方は、技能の練習は、ターゲット型のゲームに基づくゲーム形式で展開されることです。ターゲット型のゲームの内容分析（技能と戦術コンセプト）に基づく逆行推理方法を使用して、ゲームに似た状況で、単純な（クローズドスキル）練習からより複雑な（オープンスキル）練習へと課題発展を開発します。技術的な手がかりは、ゲームの中で誇張された戦術的な課題に対する運動技能の解決策を強化するために使用されます。技能の練習は、ゲームにつながる漸進的な構築を通じて、以前にプレイしたゲームに戻るように行われます。各ステップにおいて、ターゲットエリアや反復目標などの外部目標が徐々に成功をもたらし、学習者は課題に対する最適な問題解決を探し求めるようになります。この過程で、プレイヤーは練習環境におけるアフォーダンスに敏感になり、以前にプレイしたゲームとつながるようになります。そのため、技術形式を繰り返すことが重要なのではなく、運動パターンの重要な特徴を利用して技術形式を適応させ、望ましい結果を達成することが重要なのです。異なる方法で解決する必要がある問題を繰り返すことが、巧みなプレイヤーになるための重要な考え方なのです。ゲームと分離した練習では、環境はあまりにも静的で、学習は教師が提供する焦点に制限されることがあります。制約に基づく学習では、練習でも環境はますますダイナミックになり、プレイヤーは常に関与し、知覚的な手がかりを探すよう促され、しばしば教師の発問によって促され、学習効果を最大化する機会を得ることができます。指導の過程で重要なのは、プレイヤーの探索プロセスを支援することです。そのために教師は、技術的な促しや例、発問、示範を加えるタイミングを予測し、プレイヤーの新たな学習を補強する必要があります。例として、ピックルボールに適用できる 3 つのゲームを紹介します。

5.　ネット型の例としてのピックルボール

1)　大人ゲーム

ピックルボールは、バドミントンサイズのコートで、高さ 91.5cm のネットを使って、シングルスまたはダブルス形式でプレイします。得点ルールは様々ですが、標準的な得点は 11 点までです。勝利するためには、相手チームに 2 点差をつけなければなりません。サーブを獲得するためにポイントを獲得し、サーブのチーム / プレイヤーだけがポイントを獲得することができます。サーブのルールは、クロスコートで、「キッチン」と呼ばれるノン・ボレーラインを越え、センターライン、「キッチン」、バックライン、サイドラインによって作られる対角線上のボックスに入れます。サーブは右から始め、その後左右交互に行います。インプレーのルールはテニスと同じで、ボールは 1 回しか跳ねないようにします。サーブされたボールが返ってきて、サーバーのコートでバウンドした後（ダブルバウンスルール）、プレイヤーはそのボールをボレーすることができます。ただし、「キッチン」エリアではボレーやスマッシュはできません。このターゲットゲームを念頭に置いて、ピックルボールを教えるプロセスは、ピックルボールの基本スキルの異なる領域を強調する一連の修正ゲームを特定することになります。Hopper & Rhodes（2022a）をテニスに適用すると、(1)「ラリーができる」フォアハンドとバックハンドのドライブ、(2)「ポイントを開始できる」サーブとリターンのサーブ、(3)「ネットプレーできる」ボレー、ディンクショットとスマッシュという 3 分野が特定されます。

以下のゲームは、Hopper（2016）の TGfU 修正ピックルボールゲームのより包括的なリストから適応されたものです。これらはサンプルとして提供されており、読者はこれらの例を参考に独自のゲームを開発することが推奨されています。各ゲームには、ゲームをプレーした後に、スキルの基本的な解決策を練習し、その後、技術的・戦術的能力を高めて再びプレーするために修正ゲームに戻るための一連のタスクが必要であることに注意してください。

2）ラリーできる誇張ゲーム

「ラリーゲームできるようになる」最初の目的は、一貫性を保つこと、ボールをインプレーに保つことです。重要なスキルは、ショット間のリカバリーです。つまり、コートエリアを守るためにバックラインの後ろに回り込み、次のショットを打つために前進できるようにすることです。まずは、どのようにボールをコートに送り込むかを考えるために、4～6ショットのラリーを協力して行い、ラリー目標達成後にコートエリアを広げるという遊び方があります。図3では、ネットが高い分、ボールが空中にある時間が長くなり、リカバリーが可能になります。また、トスしてからボールを打つキャッチボールやセルフラリーも、選手がボールをコントロールする時間を増やすために利用できます。また、これらの送球オプションは、選手がボールを打つ際のインパクトゾーン（体の前で待つ／膝の高さ）を実感することにつながり、競技の試合後に後で練習することができます。

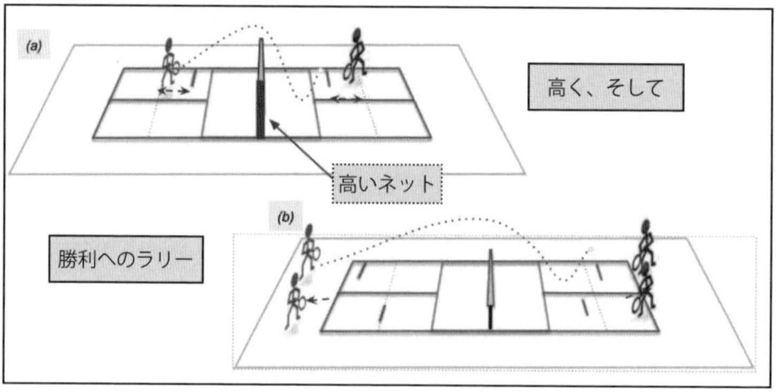

図3　「ハイ＆」ゲームと「ラリー・トゥ・ウィン」ゲームにおける「ハイ＆」

ピックルボールの基本的なRepresentation（発達適合的再現）をするためのルールは、以下の通りです。

目的：相手より長くコートにボールをキープし、3点を先取します。

1. バックラインマーカーの後方からコートエリアにサーブし、プレイヤーが交互にサーブします。
2. 4ショットのラリーの後、ポイントがスタートします。
3. ボールがネットに入る、コートの外に出る、またはワンバウンドして戻ってこない場合に得点を獲得します。

4. プレイヤーは、1 回のヒットでボールをプレーに戻すセルフラリーを許可されています。

ゲームの誇張は、ハイネットとセルフラリーの時間に焦点を当て、4 ショットの制約による一貫性を促進し、ポイントが始まる前に一貫性を確保します。

図 3 の「ラリー・トゥ・ウィン」ゲームのように、ハーフコートで通常の高さのネット（91.5cm）を使ってプレイしますが、プレイヤーがポイントを獲得するとコートの大きさを示すラインマーカーが増えるという適応ルールを追加することができます。一人の選手がフルコートに立つと「チャンピオンシップポイント」となり、次のポイントが勝負となります。この「チャンピオンシップポイント」では、最初に成功したプレイヤーがより広いコートをカバーするという、リスク戦術的な要素を促進することに留意します。

このゲームの練習の進め方は、ショットの間のリカバリー、ボールをスペースに導くためのインパクトポイント、適切なグリップでフォアハンドとバックハンドの両方でボールを打つことを学ぶことに関連した戦術的な要素に焦点を当てます。

3）「ポイントを始められるゲーム」と「ネット対戦ができる ゲーム」

このゲームをよりピックルボールらしく拡張するために、図 4 のゲーム「モナーク・オブ・ザ・コート」を使用することができます。このゲームでは、1 つのコートに 6 人のプレイヤーがいることにも注目します。このゲームでの教師の目的は、ボールの配置を中心に「ポイントを開始できる」（サーブとリターンサーブ）ようにし、その後、同じゲームを使って「ネット型のゲームができる」ようにキッチンライン上のフロントコートエリアをどう攻めるか、相手の時間を奪うこととボレーのためのポジショニングを中心に展開することです。

ピックルボールの基本的な Representation（発達適合的再現）のためのルールは、以下の通りです。

目的：3 ポイントを獲得し、勝者になること。

1. ハーフコートでは、サーバーはバックライン後方、キッチンエリア上、バウンドフィード、手元から相手のサービスボックスにボールを送ります。サーバーはローテーションし、待機しているサーバーはボールをフィールドに置き、自分の番が来たときにサーブできるようにします。
2. コート内で一度バウンドしたボールは、レシーバーによってサーバーのコートに送り返され、バウンド後に今度はボレーができるようになります。

3. プレイヤーはセルフラリーをすることができます。
4. サーバーがポイントを獲得したら集計を続け、サーバーが 2 ポイントになったら「3 ポイントを目指す 」と言います。サーバーが勝てば勝者になり、負ければゼロに戻ります。

ゲームの誇張は、サーブとリターンのスキルに焦点を当て、セルフラリーでストロークとインパクトポイントの基本を効果的にセットアップすることを促します。また、図 4 に示すように、ポリスポットをホームベースへのリカバリーのリマインダーとして使用し、キッチンラインのポリスポットをボレーをするためのホームベースのマーカーとして使用することができます。このプレッシャーポイントをどうプレーするかで、「3 点勝負」がリスクの考え方を強調することになります。大げさに言えば、ボレーを鍛えるために、ボレーの後にポイントを獲得した選手にはボーナスポイントが与えられます。ハーフコートの面積しかない中で、この幅の狭さと得点のボーナスルールは、ボールがバウンドする前にネットに出てボレーをしようというインセンティブを生みます。

初戦の練習進行は、ターゲットエリアへのサーブとリターンのセットアップを中心に、リターンの仕方やリターン後のリカバリーポジションの練習を行います。ボレーの得点の誇張を加えた後、キッチンラインに対してスクエアなリカバリースタンス、グリップ、ヒッティングゾーンでのインパクトポイントに焦点を当て、ボレーの技術に取り組むことができます。

「3 点取り！」ポイントを獲得した選手が、セルフラリーを使えなくなるような適応ルールを追加することができます。ボレーの拡張ルールに関連して、クッ

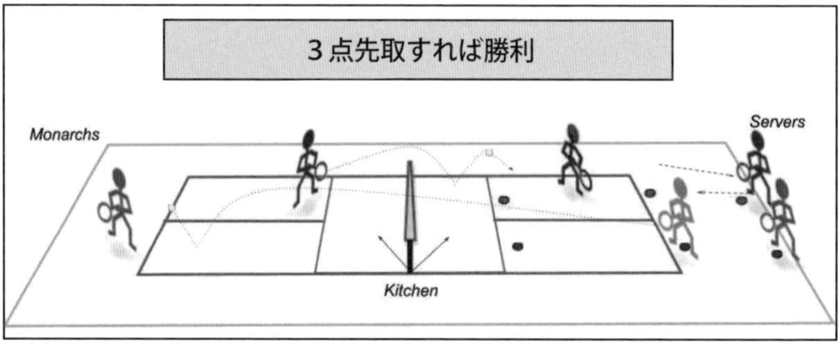

図 4　サーブ用「モナーク・オブ・ザ・コート - 3 を目指す！」

シュボールを使ったボレーの練習を行った後（ボレーでボールをコントロールする時間を増やす）、ボレーでポイントを獲得したプレイヤーが自動的に勝者になるという適応ルールを追加することができます。

6. まとめ

これらのゲームアイデアはほんの一例ですが、ゲームの制約によって、子供が戦術的な問題に対する運動能力の解決策を模索するように仕向けられることを示すのに役立ちます。どのクラスでも、子供のゲームプレイ能力はさまざまであり、そのアクション・スペースは、運動能力、過去のゲームプレイ経験、遺伝的素養などに基づいて異なる程度に設定されています。しかし、プレイヤーの適合するアクション・スペースは、誇張ゲームデザインに基づく適応ルールと採点システムを用いて、教師が生成することができます。理想的には、ゲームデザインのプロセスによって、プレーヤーが互角の勝負をすることで学ぶ状況を作り出すことです。Bunker & Thorpe (1986) が述べているように、よく設計されたゲームでは、学習が起こります。それは、「ゲームをする際に生じる問題、基本的には、敵にスペースを奪われながらターゲットを攻撃するスペースを作ることを子どもに提示」し、これらのゲームが「互角のゲームの競争性を回復するように修正」されているからです。

【注釈】

1：https://en.wikipedia.org/wiki/Koosh_ball を参照

【参考文献】

Bunker, D., & Thorpe, R. (1986). The curriculum model. In R. Thorpe Bunker, D., & Almond, L (Ed.), Rethinking games teaching (pp.7-10 ST-The curriculum model). University of Technology, Loughborough.

Hopper, T. (2016). Net and wall games: Pickleball. In J. Butler (Ed.), Playing Fair (pp.179-198). Human Kinetics.

Hopper, T. (2004). Four R's for tactical awareness: Applying game performance assessment in net/wall games. Journal of Teaching Elementary Physical Education, 4(2), 16-21. http://web.uvic.ca/~thopper/WEB/TeachElemPE/Hopper%202003%20TGfU.pdf

Hopper, T. (1998). Teaching games for understanding using progressive principles of play. CAHPERD, 27(1), 1–5. http://web.uvic.ca/~thopper/WEB/Cahperd/principle.pdf

Hopper, T. (2011). Game-as-teacher: Modification by adaptation in learning through game-play. Asia-Pacific Journal of Health, Sport and Physical Education, 2(2), 3-21. https://doi.org/10.1080/18377122.2011.9730348

Hopper, T. (2022). 5. Practice after Play - YouTube. Date retrieved, 2023-01-19. https://www.youtube.

com/watch?v=XbHeaGjOQpw&list=PLcCui2nDTfRDj2TovSzahuzQlN3o1dPgY&index=5

Hopper, T., & Rhoades, J. (2022a). Part 1 - USTA and Tennis Canada learning to play tennis initiatives: Applying ecological dynamics, enactivism and participatory sense-making. Strategies, 35(6), 3–9. https://doi.org/10.1080/08924562.2022.2120745

Hopper, T., & Rhoades, J. (2022b). Part 2 - Enactivism and learning to play tennis: Modification-by-adaptation enabling action spaces and nonconscious behavioral mimicry. Strategies, 35(6), 10–19. https://doi.org/10.1080/08924562.2022.2120748

ITF Academy. (2021). ITF play tennis course - Introduction to strategy and tactics. Accessed 13 June, 2021. https://www.itf-academy.com/?academy=103&course=1289&module=1273&page=first

Mitchell, S. A., Oslin, J. L &. Griffin, L. L. (2021). Teaching sport concepts and skills: A tactical games approach. Human Kinetics.

Opposite Direction. (2023). Repetition without Repetition. YouTube. Date retrieved, 2023-01-22. https://www.youtube.com/watch?v=qVt-LBQGo9o&t=88s

Renshaw, I., & Chow, J.-Y. (2019). A constraint-led approach to sport and physical education pedagogy. Physical Education and Sport Pedagogy, 24(2), 103–116. https://doi.org/10.1080/17408989.2018.1552676

第11章

ベースボール型のゲーム

滝沢洋平（大阪体育大学）

1. ベースボール型のゲームについて

1） はじめに

2023年3月、WBC（ワールド・ベースボール・クラシック）において日本が3大会・14年ぶり3回目の優勝を果たしました。このWBCは、多くの世界においてベースボールで、また日本中を野球というスポーツにおいて熱く盛り上げてくれたと言えます。実際に、WBCがおこなわれている期間に小学校で行われたベースボール型のゲームの授業では、子供たちがテレビ等でみたものを実際の授業でも再現しようと楽しんでいる様子をうかがうことができました。そのため、ベースボール型のゲームを取り扱う先生方には、子供たちが楽しいと思えるような授業をしていただけることを望みます。では、子供たちはベースボール型のゲームのどこに楽しいと感じてくれるのでしょうか。

2） 原理

ベースボール型のゲームには、野球やソフトボール、ティーボール、キックベース、ハンドベース、クリケットといったスポーツが分類されます。このベースボール型のゲームの概要は、攻撃側と守備側が明確に区別され、攻撃側と守備側が交代しながら、どちらの方が多くの得点を取ることができるのかを競い合うゲームです。このベースボール型のゲームの構造の中心は、「攻撃側の走者（走塁）が早いのか、守備側の協同的なフィールディングが早いのかを特定の塁上で競い合うこと」（滝澤・岩田，2004）とされています。これを言い換えると、以下のような「得点を取る・阻止する」という競争があります。

・攻撃側：ボールを投げたり、蹴ったり、打ったりして、フィールド内に送り出し、目的地・特定の塁（1塁や本塁）目掛けて走り、守備側よりも早く到達すること（「セーフ」ということ）

・守備側：攻撃側によって送り出されたボールを拾い、攻撃側が目指している目的地・特定の塁目掛けて協力して、攻撃側よりも早くボールを運ぶこと（「アウト」ということ）

そのため、子供たちがベースボール型のゲームをする際、攻撃側の時は目的地・特定の塁に進む（以下、進塁）ためにボールを送り出す合理的な場所を考えること、守備側の時は進塁を防ぐために守り方や役割を考えることになります。このような攻撃側と守備側の考えを張り巡らすところがベースボール型のゲームの戦術になり、子供たちが楽しいと感じてくれる一場面になります。したがって、子供たちが楽しいと感じるためには、教師が能力や発達段階、ゲームの系統性を意識して、ベースボール型のゲームの修正（以下、デザイン）を行うことが求められます。

2.　ベースボール型のゲームデザインのポイント

「野球のルールは難しい」と思う方、言われる方が多数います。しいていえば、これはベースボール型のゲームが難しいと捉えられてしまいがちですが、先程述べたような原理を元にすれば、簡易なゲームから複雑なゲームにデザインすることが可能になります。

1）　デザインする視点

ゲームをデザインする際に最初に考え、決めてほしい点は、ゲームを実施する授業で子供たちに何を学んでほしいのか、何を考えてほしいのか、何を身につけてほしいのかです。それを考えることで、ゲームにおける守備側のアウトを取るために求められる判断とゲーム全体で求められる技術、攻撃側の点を取るための方法をデザインすることができます。

2）　守備側のアウトを取るために求められる判断とゲーム全体で求められる技術

先程のベースボール型のゲームの原理を元に、ゲームの構造に迫ると、簡易なゲーム時に判断を要するのは守備側です。アウトをとるために、守備側に求められる判断には契機と対象が存在します（岩田，2016）。まず、判断の契機とは判断するきっかけや原因であり、打球状況や打者走者、残塁場面といったものです。次に、判断の対象とは判断する対象を見極める材料であり、役割行動の種類、アウトにする場所、アウトにする走者といったものです。ここでは、滝沢・近藤

（2018）で実践されたゲーム、みんなでアウトティーボールゲーム（以下、A ゲーム）、修正版・並びっこベースボール（以下、B ゲーム）を元に解説します。図 1 は、岩田（2016）を一部修正した滝沢・近藤（2018）で示された、中学年で用いた各ゲームの守備側の「判断の契機と対象」です。また、図 2 は、各ゲームで求められる技術を小学校学習指導要領解説体育編（文部科学省，2008）に記載されている内容をもとに記載したものです（滝沢・近藤，2018）。各ゲームの概略と説明は以下の通りです。

【A ゲーム】

概略：三角ベースのフィールドで、1 チーム 3 人での対戦

攻撃側：ボールをフェアグラウンド内に送り出した後、「アウト」と言われるまで走り続け、各ベースを踏むたびに 1 点入り 1 周することで 3 点とることができ、最大 2 周で 6 点とることができます。

守備側：攻撃側をアウトにするために守備者 3 人で 1 ヵ所（本塁付近）に設置したアウトにする場所（以下、アウトゾーン）にボールを運び「アウト」とコールすることでアウトにすることができます。なお、ボール保持者はボールを持ちながら歩くことはできないため、投げることしかできない設定です。そのため、役割行動として、打球を捕る捕球者、そのカバーまたは中継、またアウトゾーンに走りこんで送球を捕るベースカバーが発生するため、誰がどの役割行動をするのかを判断する必要があります。

守備側の「判断の契機と対象」で整理：アウトをとるために、【打球状況】に応じて、【どのような役割行動をするのか】、という判断が求められるということがわかります。

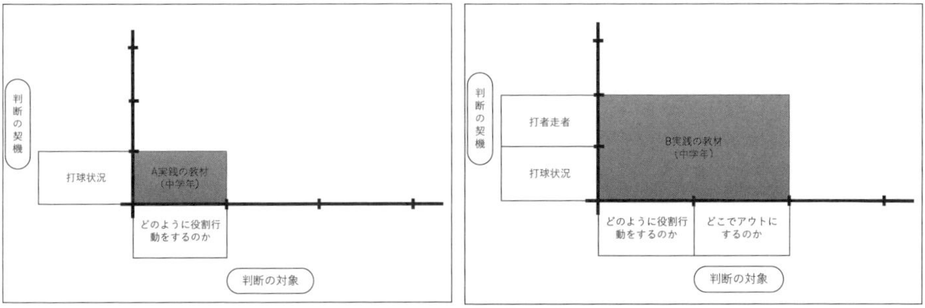

図 1　守備側の「判断の契機と対象」［滝沢・近藤（2018）より引用］

ゲーム全体で求められる技術：守備側はアウトを取るために、ボールを【捕る】ことで3段階のレベルが存在しており、ボールを【投げる】ことで2段階のレベルが存在していること、また攻撃側は点を取るために、【打つ】【走る】で1段階のレベルが存在していることがわかります。

【Bゲーム】

概略：ダイヤモンド（四角ベース）のフィールドで、1チーム4人での対戦

攻撃側：ボールをフェアグラウンド内に送り出した後、1塁から2塁へと進塁できる限り、全力で走り進塁します。その際各ベースを踏むたびに1点入り、1周することで4点とることができ、最大2周で8点とることができます。ただし、進塁する際に、進塁したい塁に隣接するように設置したアウトにする場所（以下、アウトゾーン）に、ボールを保持した状態で守備者全員が集まり、「アウト」とコールされたら進塁を阻止され、その前までの進塁した塁分の得点が入ります。

守備側：攻撃側をアウトにするために守備者4人で各塁に隣接するアウトゾーンの中でも、打者走者よりも先の塁付近のアウトゾーンに、ボールを保持した状態で守備者全員が集まり「アウト」とコールすることでアウトにすることができます。なお、ボール保持者はボールを保持した状態で歩くことができるため、送球する必要がない設定です。そのため、役割行動として、打球を捕る捕球者、そのカバー、また先にアウトゾーンに走りこむベースカバーが発生するため、誰がどの役割行動をするのかを判断する必要があります。

守備側の「判断の契機と対象」で整理：アウトをとるために、【打球状況】と

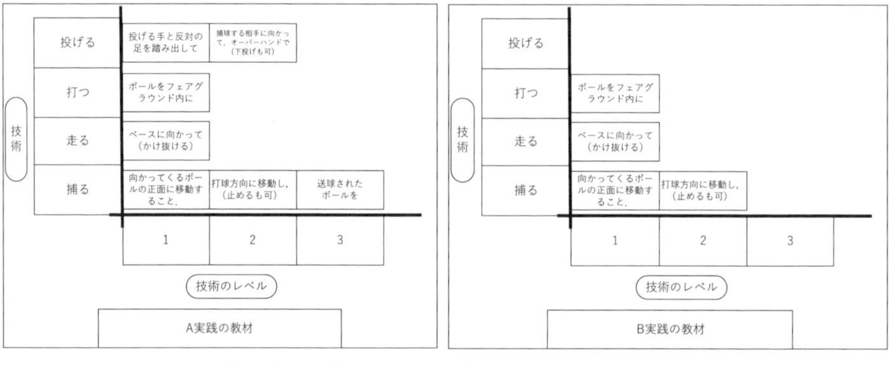

図2　ゲーム全体で求められる技術［滝沢・近藤（2018）より引用］

【打者走者】に応じて、【どのような役割行動をするのか】と【どこでアウトにするのか】、という判断が求められるということがわかります。

ゲーム全体で求められる技術：守備側はアウトを取るために、ボールを【捕る】ことで2段階のレベルが存在しており、ボールを【投げる】ことは発生しないこと、また攻撃側は点を取るために、【打つ】【走る】で1段階のレベルが存在していることがわかります。

このように取り扱うゲームを細分化すると、教師は子供たちが何を学ぶことができるのか、どのようなことにつまずく可能性があるのかということを想定することができます。

3）　攻撃側の点を取るための方法

子供たちが、ベースボール型のゲームの授業を終えた後の質問紙で、「1番楽しかったエピソードを教えてください」という質問において回答が多いものは、攻撃側、特に得点関わるものです。なお、子供たちの技能と戦術的課題についての理解及び実態、学ばせたい内容に応じ、細心の注意が必要です。選択を間違えると子供たちが楽しいと感じるエッセンスを全く味わうことができなくなるからです。

そのため、授業において攻撃側の点を取るための方法、ボールの送り出し方法の選択は大変重要です。なお、表1はボールの送り出し方法について検討すべき内容をまとめたものです。例えば、授業の前半は今持っている技能で楽しめる方法を選択すること、授業の後半は学ばせたい内容に迫るように（授業の前半とは異なる方法を用いて）行うこと、ただしこれには授業の前半から高めておく必要があることも計画しておく必要があります。

次に、攻撃の仕方・進塁課題についての検討も重要です。これは実際の得点に大きく影響があり、打者1人が進塁することで得点が取れる形式にするのか、前の打者が塁上に残る（残塁）形式にして次の打者が進塁させることで得点を取る

表1　ボールの送り出し方法の選択時に検討すべき内容

攻撃の仕方	使用する用具	ボールの軌道	ボールの種類
・投げる	・使用しない	・止まっているボール	・大きさ（重さ）
・蹴る	・バット	・易しく投げられたボール	・材質（硬さ）
・打つ	・ラケット	・投げられたボール	・跳ねる度合い

形式にするのか、また残塁する走者は1人なのか、2人なのかといったことを検討する必要があります。例えば、授業の前半は、打者1人が1つの塁を踏むごとに1点が入るようにすること、授業の後半は、残塁走者が発生し残塁走者をホームまで進塁させることで得点が入るようにすることなどを組み合わせることができます。

3.　実際の授業：小学校中学年

1）　学ばせたい内容

攻撃側の打者が進塁し得点を取ることと、守備側が協力して打者の進塁する前のアウトゾーンにボールを運びアウトを取ることの、どちらが早いかを競います。攻撃側は多くの得点を取るために、どのように打撃をすれば良いのかを思考し、それに合わせた技能を身につけます。守備側は進塁されること・得点されることを最小限に防ぐために、どのように仲間と協力してアウトを取れるのかを思考し、それに合わせた技能を身につけます。

2）　ゲームの説明

ここでは、先に示したBゲームを中心に説明します。Bゲームのコート及び主なルールは図3のとおりです（滝沢・近藤、2018を引用及び本内容にあわせて加筆修正しています）。具体的なルールとして、ゲームは、1チーム5～6人、3コート作成します。これによって、3コートで計36人がゲームに参加できます。なお、守備者はコート内に4人とするため、残りのメンバーはコート外から声を掛け、打者が変わるたびに守備者も変わるようにルール設定をします。

また、③の中でも説明をしますが、教師と子供たちとのやりとりの中でゲームを次のステージに進める必要があると判断する場合もあります。その場合は、先に示した、「判断の契機と対象」及び「ゲームで求められる技術」の視点から、修正版・並びっこゲーム（ゲーム1）に対して、送球を用いるルールに修正したゲーム（ゲーム2）にレベルアップすることを想定しておきます。

具体的には、守備側のアウトの取り方が変わります。ゲーム1では、守備側は、打者よりも先回りした塁付近のアウトゾーンに、ボールを保持した状態で守備者全員が集まり、「アウト」と声をかけることでのアウトとなります。ゲーム2では、守備側は打者よりも先回りした塁付近のアウトゾーンに、ボールを保持した状態で守備者2人がおり、「アウト」と声をかけることでアウトとなります。

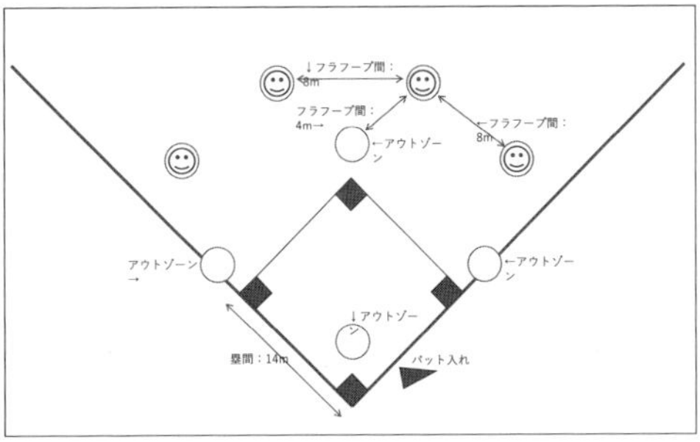

用具	ティー台（ケンコーバッティングティー・ブラック KTT-BK） ボール（ケンコーティーボール 11 インチ・KT11） バット（ケンコーティーバット M：KTBM, L：KTBL）
攻撃	・打者は守備者の準備が出来ているか確認してからティー上のボールを打撃します。 ・打者は打撃後、バットをバット入れに入れてから走塁を行います。 ・打者は、ホームまで戻ってきてもアウトにならなかった場合、もう 1 周回ることができ、最大 2 周できます。 ・打者は、各ベースを踏むごとに 1 点入り、最大で 8 点とることができます。 （1 塁を踏んだ場合：1 点、2 塁：2 点、3 塁：3 点、ホーム：4 点） ・ボールがフェアグラウンド内に入るまで、打者は打撃を繰り返しできる。バントはなし。
守備	・守備者は、打球を捕球後、打者の先回りをするように、先の塁近くのアウトゾーンにボールを運びます。 ―ゲーム 1― ※フェアグラウンド内にいる守備者全員が同じアウトゾーン内でしゃがみ、「アウト！」の声をかけることでアウトをとることができます。 ★ゲーム 1 の条件：アウトゾーンに守備者 4 人&ボールがある ―ゲーム 2― ※フェアグラウンド内にいる守備者 2 人が同じアウトゾーン内でしゃがみ、「アウト！」の声をかけることでアウトをとることができます。 ただし、ボール保持者は動けないこととします。 ★ゲーム 2 の条件：アウトゾーンに守備者 2 人&ボールがある ・フライをノーバウンドで捕球してもアウトになりません。上記のアウトの仕方でアウトにします。

図 3　B ゲームのコート及び主なルール［滝沢・近藤（2018）より引用及び加筆］

ゲーム 1 では送球が不要ですが、ゲーム 2 ではボールを捕球した守備者は送球をすること以外動けないというルールを設定することで、ボールを捕球しない守備者の動き・役割行動が大変重要になります。このようにゲームのルールの核であるアウトの仕方は同一であっても、そこに運ぶまでの技術を変化させることができます。特に、子供たちは早くアウトを取りたいという想いから送球を必要とするタイミングがあります。その時に、ルールをデザインすることで、子供たちに投げるという技術の必要感があらわれます。

3）授業の流れ

実際の授業で実施した単元計画は表２のとおりです。ゲーム中心の指導アプローチとして、Ａパターンの「ゲーム－練習－ゲーム」のように、試しのゲームを経験し、その中で気づいたことや課題をチームの時間において話し合いや練習で解決し、メインゲームにおいて実践し、振り返りを行うことが求められます。他方で、B パターンの形式も教師が進め方を丁寧にすることでゲーム - 練習 - ゲームのサイクルが可能になります。第１時後半で「ゲーム」を行い、振り返りをおこないます。この振り返りでは、気づいたことや課題をチームで話し合い、次時の練習について計画しておきます。そして第２時では前時の振り返りを確認し、チームでの練習を行い、メインゲームにおいて実践し、振り返りをおこなうことができます。学校によっては、体育・保健体育の授業の前の科目や教師の時間割の関係上、教師が行いたい流れで実施できないことがあります。その際に、子供たちがゲーム中心で学ぶことができるように教師が配慮する必要があるということです。

また、②で説明したゲーム１とゲーム２の設定方法について、ゲームで学ぶことが大切であることから、単元の前半（1 ～ 3 時間目）は、既に持っている力で楽しみ、学ぶことができるゲーム１を設定します。しかし、ゲーム１に慣れてきた際に、攻撃「もっと得点を取りたい」、守備「もっと早くアウトを取りたい・得点を最少失点で阻止したい」という気持ちが現れます。その時は、単元の後半（4 ～ 7 時間目）にゲーム２を行うことで、より楽しむ・学ぶことができます。

表３　実際の単元計画［Ｂパターンは、滝沢・近藤（2018）より引用及び加筆］

Aパターン						
1	2	3	4	5	6	7
集合、整列、あいさつ、健康観察、準備運動（キャッチボール）、学習課題の把握						
・オリエンテーション	**活動１（試しのゲーム）**					
	チーム時間					
試合の説明	チームでの話し合い・チームでの練習					
	活動２（メインゲーム）					
学習カード記入、まとめ、整理運動、次時の予告・あいさつ						

Bパターン						
1	2	3	4	5	6	7
集合、整列、あいさつ、健康観察、準備運動（キャッチボール）、学習課題の把握						
・オリエンテーション	**一斉指導** 打つ・捕る	**活動１** チームでの練習				
試合の説明	**活動２**					
メインゲーム						
学習カード記入、まとめ、整理運動、次時の予告・あいさつ						

なお、ベースボール型のゲームを行う際に、バットやラケット等を用いて行う場合が多くあります。バットを使用したことがない子供たちのために、バットの使い方や打ち方を指導することや練習するドリルゲームを設定することは大切です。

4. まとめ

このように、ベースボール型のゲームのデザインをするにあたり、子供たちに何を学んでほしいのか、何を考えてほしいのか、何を身につけてほしいのか等を考えることが重要です。それを考えると同時に、どのようなゲームに修正するのか、修正すべき点として子供たちの実態からまずはどのような段階のゲームを設定するべきなのかを考え、そこから戦術的課題や技能を少しずつ複雑にして楽しむことで、戦術的課題の理解を高めるとともに、必要な技能を高めていく必要があります。

なお、ゲームを設定するにあたり、学ばせたい内容に沿ってコートの大きさやチームや守りの人数を考える必要がありますが、各学校の実態に応じて、できる範囲で設定していく必要もあります。

ぜひ、多くの子供たちがベースボール型のゲームは楽しい、多くのことを学べる、楽しい授業であると思ってもらえるように、教師の皆様は、ゲームのデザインの仕方などを考えていただければ幸いです。

【引用・参考文献】

岩田靖（2016）第1章-6 「ベースボール型」の教材づくりの課題意識とその方向．ボール運動の教材を創る：ゲームの魅力をクローズアップする授業づくりの探求．大修館書店，pp.53-63.

文部科学省（2008）小学校学習指導要領解説　体育編．東洋館出版社：東京．

鈴木直樹（2022）学びの系統がまるわかり！「ゲーム・ボール運動・球技」授業づくりマスターガイド．明治図書．

滝澤崇・岩田靖（2004）体育におけるベースボール型のゲームの教材づくりの傾向と課題：「戦術中心のアプローチ」の視点からの分析．信州大学教育学部付属教育実践総合センター紀要・教育実践研究，5：101-110.

滝沢洋平・近藤智靖（2018）小学校中学年のベースボール型のゲームにおける守備者のゲームパフォーマンスに関する研究―2つのメインゲームに着目して―．日本体育大学スポーツ科学研究 7，1-22.

第4部

公正な学びを目指す
指導の具体

第 12 章

男女共習のゲーム指導

Yogesh Chander（Sports University of Haryana, India）
（翻訳：羽石架苗）

1. 男女共習のゲームとは

ゲームとは、1 人または複数の子供が、一定のルールに従った計画的、競争的または協力的な活動に参加する娯楽です。ゴール型、ネット型、ベースボール型、的あて型（ターゲット）のゲームに分類されます（Barik and Kar, 2019）。また、1 人でプレイすることもあれば、グループでプレイすることもあり、他の子供と競争することもあります。ゲームは、体重のコントロール、気分の向上、ストレスコントロールに役立つため、子供たちの心身の健康にメリットがあります（Janssen and Le Blanc, 2010; Wallace, Buchan, and Sculthorpe, 2020）。男女共習のゲーム体験がどのように行われ、子供全員にその成果があるかについては、多くの議論がなされてきました。Fox（2022）によると、民主的でインクルーシブな指導の原則が勧められているにもかかわらず、教育現場ではジェンダーやその他の不平等が依然として存在すると言われています。偏見や先入観は内観によってのみ認識することができるため、意図的に公平性を保障しなければなりません。更に多くの子供たちが、男の子と女の子が同じチームで競い合ったり、同じチームで一緒にプレイしたりゲームをしたいという生来の願望を持っています。それらは、男女混合、または男女共習のゲームと呼ばれています。これらのゲームは、通常、学校や教育の場で行われます。性別による制限がなく、男子も女子も平等に参加できるのが一般的ですが、男女共習のゲームといっても様々な形、環境で行われています。定期的な身体運動は健康に不可欠であり、全般的な心身の発達に影響を与えます（Hills, King, and Armstrong, 2007）。

男女共習のゲームは、多くの統括団体やスポーツ組織がスポーツにおけるインクルージョンと多様性を推進していることから、近年人気が高まっています。身体的な格差に関係なく、男女がゲームの中で共に競い合い、互いに学び合うことができるのです。IOC スポーツディレクターのキット・マッコネルは、「混合競技は、競技における男女アスリートの平等を表すものとして、とても重要なものです。」「共同のパフォーマンスに向けて、男性と女性が同じフィールドで 1 つのチームとして競い合うことほど、平等なことはありません。」と男女平等を促進しています。ジェンダーの固定観念を払拭するためには、男性も女性もゲームにおいて貢献する必要があります。アスリートたちは、共に戦うことで、男女に関する先入観を払拭し、性別に関わらずどんなスポーツでも成功できることを実証することができます。サッカー、バスケットボール、バレーボール、鬼ごっこなどは、男女共習のゲームの例です。これらのゲームは、さまざまな年齢や能力レベルに合わせてルールを変更することができ、遊び場、公園、体育館、スポーツ会場など、さまざまな場所でプレイすることができます。男女が一緒になってゲームをすることで、互いに学び合うことができ、社会的に共に存在する者として成長し、協力し合い、1 つのチームとして活動することができるようになります。子供たちは、協力的な遊びを通して、平等と公平、他者への敬意、共感について学ぶことができます。男女共習のゲームを通じて、男女の固定観念を払拭し、男女平等を促進することができます。男女を問わず多くのスポーツ活動に参加することで、よりインクルーシブで平等な社会を築くことができるのです。Merkel（2003）は、20 世紀におけるスポーツの歴史は、スポーツがいかに効果的に人々を結びつけ、また引き離すこともできること強調してきたと述べています。子供たち全員が楽しめるゲームを計画する際には、本章で取り上げた男女共習のゲームの基本的なルールを参考にすることが大切です。

2.　チームワーク、協調性、コミュニケーション

チームワーク、協調性、そしてコミュニケーションは、男女共習のゲームを成功させるために不可欠な要素です。これらは、子供に合った目的を設定すること、そして、その目的を子供全員に伝えることで育まれます。Gillies and Khan（2009）によると、教師は、自分の理由付け、正当化、問題解決能力を表現するのに、多くの子供がその能力発達に遅れがあることを意識する必要があると訴えています。子供たちそれぞれが、お互いのアイデアや提案に積極的に耳を傾けるようにしなければなりません。体育教師は、チームワーク、コミュニケーション、協調性を上手に示すことができた子供にポジティブなフィードバックを与え、参加者にオープンにかつ正直に意見や見解を述べる機会を与えることができます。体育

教師は、すべての子供が歓迎され、大切にされていると感じられるようなインクルーシブな環境を作らなければなりません。Martínková（2020）は、男女の二項対立のジレンマを解消し、様々な競技ですべての子供たちが混合して競い合えるようにすることが、最もシンプルにそのジレンマを解決できると主張しました。この「混合」は、「混合競技」「混合スポーツ」「男女混合競技」「共習スポーツ」「性統合スポーツ」など、さまざまな言い方がされています。男女共習のゲームは、奇策や平等、ルールや規則、スポーツマンシップに至るまで、様々なフェアプレーを推進します。これらの原則は、男女共習のゲームがすべての子供たちにとって公平で公正な競技であることを保証するために不可欠です。スポーツマンシップとフェアプレーは、指導者や教師によって奨励されるべきです。

3.　男女共習のゲームと公式の行動規範

男女共習のゲームのルールは、ゲームによって異なりますが、一般的には、すべてのプレーヤーの公平性と安全性を保証することを目的としています。各チームに入れる男女の人数が制限されることもあります。例えば、ゲームによっては、ピッチまたはコートに許される男子の最大数が決められることもあります。男子と女子の身体的格差を考慮し、採点システムを変更することもできます。例えば、男女共習のバレーボールでは、女子は一般的に身長が低いことが多いことを配慮して、女子チームのネットの高さを低くしています。男女間の身体的接触に関するルールがある場合もあります。例えば、男女共習のハンドボールでは、怪我を防ぐために、男女の子供間の接触に制限が設けられています。男子と女子の着用するユニフォームに規制がある場合もあります。例えば、男女共習のサッカーでは、統一性を保つために、男子選手はズボンではなく短パンを着用するよう強制されることがあります。ゲームによっては、交代できる男子の人数に上限を設けることもあります。

男女共習のゲームのために特別に審判を訓練することは、その審判が男女別の規則を知り、それを管理できるようにする必要があります。全体として、男女共習のゲームは、性別に関係なく、すべての子供たちの安全と公平を保証するために作られています。身体能力の差やその他の事項を考慮するために、更に具体的な変更が必要な場合もあります。しかし、最終的な目的は、すべての子供が全力を出し切れるように、ゲームの場を公平にすることです。そのため、性別や個人の性格による有利不利を排除し、公平性を確保するための仕組みが必要です。二項対立をなくし、異なる性別の子供が参加できるようにすることは、この問題に取り組む一つの方法です。まず、子供の組み合わせには様々な方法があるため、大きく 2 つのカテゴリーから選択することにします：「男女混合試合」（チーム内での男女の人数が決まっていて二元論を維持する試合）と「男女兼用試合」（男女の区別をせず、それぞれの実力でみんなが参加する試合）です。次に、「ユニセックス・スポーツ」は様々な性別の子供が参加できるように、既存するゲームを変更し、新しいゲームを開発することを提案しています（Martínková, 2020）。

4.　ポジティブなチーム文化

男女共習のゲームでは、子供たちがあらゆるバックグランドを持ち、能力レベルもさまざまであるため、リスペクトという言葉が不可欠になります。組織化された活動を通じて、健全な青少年（男女両方）育成を行うことができます（Larson, 2000）。ゲームは、青少年にとって最も一般的に組織された活動です（Larson and Verma, 1999）。子供は、フィールド内とフィールド外の両方の行動に責任を持つことを学ぶべきです。これには、身体的・精神的な健康に気を配り、ルールを守り、自分の過ちに責任を持つことを指導する必要があります。また、自分の功績を認め、他人の貢献を認め、感謝することも、同様に自尊心の重要な要素です。どんなゲームでもチームワークは重要ですが、男女共習のゲームでは本当に不可欠です。共通の目的を達成するために、プレーヤーはチームメイトのスキル、特性、そして欠点もリスペクトしなければなりません。コミュニケーション、援助、励ましは、そのリスペクトを基盤とするチーム文化を作るためのものです。ゲームに勝つことはもちろん究極の目的ですが、勝利のために対戦相手へのリスペクトを犠牲にしてはいけません。選手はライバルの努力と能力を尊重し、スポーツマンシップに反する行為を慎まなければなりません。勝っても負けても、相手を尊重（リスペクト）することはとても重要なのです。男女共習のゲームでは、男子と女子の格差を認識し、リスペクトすることが重要なのです。そのためには、公正なルールや規制を確立すること、インクルーシブで多様な文化を育むことで、平等な財源や機会を男女に平等に与えることが必要です。男女共習のゲームでは、自分自身、チームメイト、ライバル、そして競技自体を尊重し、平等かつ公平にすべての子供を扱うことが不可欠です。子供同士の強い絆を育み、勝利へのチーム力を高め、楽しく健康的なスポーツ環境を奨励することが重要なのです。

5. 身体的接触

男女共習のゲームでは、身体的接触は自然なことです。しかし、危害を加える可能性のある接触や、怪我をさせる可能性のある接触を避けることが不可欠であり、そのような接触を避けるためには、以下のような注意が必要です。どのようなゲームでも、すべての子供の安全が最優先されます。危害や傷害を与える可能性のある身体的接触は、他の子供を危険にさらすだけでなく、ゲームの公平性を損なうものでもあります。Wright（1997）は、男女共習と同性体育の指導者数名にインタビューを実施しました。そして、共学環境の女子は男子よりもはるかにスポーツに参加したがらないことを発見しました。なぜなら、女子はミスをするのが恥ずかしく、男子のクラスメートとの身体的接触を避けたがるからです。男女共習のゲームでは、子供は体型も身体能力も体力レベルも異なります。危害や怪我を与える可能性のある身体的接触は、一部の子供が他の子供より不当に有利になり、ゲームの平等性が損なわれる恐れがあります。スポーツマンシップは、どのようなゲームにおいても重要な要素です。傷害を引き起こす可能性のある身体的接触は、ゲームに不可欠なフェアプレー、尊敬、尊厳の精神に反します。危害や傷害を与える可能性のある身体的接触は、子供の健康や幸福に長期的な影響を与える可能性があります。このような影響には、身体的損傷、心理的外傷、または後遺症が残る可能性があります。したがって、男女共習のゲームにおける身体的接触は、常にゲームの規則と規制の範囲内で行われるべきであり、決して子供の安全や安心感を脅かすものであってはいけません。男女共習のゲームにおいて、尊敬、スポーツマンシップ、公平性の文化を促進することは、すべての子供が楽しく健全な経験をするために極めて重要なのです。Ellis（1991）によると、スポーツに関連する怪我の多くは「避けられない」事故ですが、他の多くは避けることができると述べています。したがって、男女共習のゲームでは、安全な用具の使用が極めて重要です。正しい保護具、救急箱、フィールドやコートの整備、環境への配慮、適切な靴、十分な監視を提供することで、男女共習のゲームに参加している間、すべての子供が安全に過ごせるようにすることができるのです。

6. インクルージョン

過去数十年間、多くのスポーツ参加分野において、インクルージョンへの配慮はますます重要になってきています。子供の育成に関わっている人にとっても、大きな関心事になっていることでしょう。多くの研究者が、ジェンダー、年齢、階級、民族性、セクシュアリティに関する排除的差別を明らかにしてきました。スポーツの実践分野を取り巻く研究のレベルが高まるにつれ、この分野では激しい議論が巻き起こっています（Stidder and Hayes, 2013）。男女共習のゲームは、性別、人種、その他の個人的特徴に基づく差別を決して認めてはいけません。性別、人種、その他の個人的属性に関係なく、すべての子供は、その能力、スキル、ゲームでのパフォーマンスで評価されるべきです。ハラスメントや偏見によって危険や不快を感じると、子供のピッチでのパフォーマンスが低下する可能性があります。安全で励みになる環境は、すべての子供の心身の健康を守るために重要です。男女共習のゲームでは、性別、人種、その他の個人的特徴に関係なく、すべての子供が巻きこまれ、彼らは歓迎されていると感じるべきです。どんなゲームでも、基本的な要素としてリスペクトを失ってはいけません。フェアプレーを推進し、ゲームに参加するすべての子供がポジティブで健康的な経験をするためには、安全で歓迎され、礼儀正しい環境を作ることが重要です。男女共習のゲームにおける公正と平等は、指導、トレーニング、財源への公平なアクセスと関わってきます。公平な予算分配、公平なプレイ時間の配分、練習と成長の機会、フィードバック、サポートはすべて、ゲームの場を平等にし、すべての子供に等しく成功するチャンスがあることを保証することに貢献することができます。性別、民族、能力に関係なく、すべての子供がゲームに参加できなければなりません。東京 2020 オリンピックでは、その共同スポーツの重要性の波とともに、アーチェリー、陸上競技、バドミントン、馬術、柔道、セーリング、射撃、水泳、卓球、テニス、トライアスロンで 18 の男女混合競技がありました。また、カヌー、ボート、射撃、重量挙げの 4 つの国際競技連盟（IF）が、初めて男女混合競技に切り替えました。

7. 技能や難易度の進度

子供全員の技能と能力が、男女共習のゲームを通じて挑戦され、上達しなければなりません。子供全員がこれらの活動に参加し、成功することで、インクルージョン、学び、フィットネス、交流を育むことができます。すべての子供がゲームに参加し、自分の才能を磨くことができるようにしなければなりません。すべての子供の能力を試し、上達させるために作られたゲームは、競技の場をフェアにし、すべての子供の間にチームワークと一体感を育むことができます。ゲームは、子供全員の技能や能力を伸ばし、上達させるものであるため、学びや成長の機会を提供することができるのです。子供はゲームを通じて新しい技能を身につけ、すでに身につけた技能を磨き、リーダーシップやチームワークの能力を高めることができます。難易度と進行度は、子供の体験に大きな影響を与えるゲームデザインの重要な要素です。難易度が高すぎると子供は挫折し、逆に進行度が低すぎるとモチベーションの低下につながります。指導者は、子供に上達感や達成感を与えながら、徐々に課題を増やしていくことで、子供の興味を引きつけ、モチベーションを維持できるゲームを制作することができます。Hopper（2002）によると、教育で最も重要なのは、技能や手順を段階的に教えることだといいます。ゲームの腕前を磨き、より難しいゲームができるようにするために、いくつかの技能練習を行います。子供のレベルに応じて、ルールや道具に調整や修正を加え、ゲームをよりわかりやすくしたり、複雑なものにしたりすることができます。指導者や教師は、子供のニーズに合わせて指導方法を変更することができます。幼い子供や経験の浅い子供にはより基本的な指導を、高学年の子供や経験の豊富な子供にはより洗練されたトレーニングを行うことができます。すべての子供がゲームに参加し、楽しむことができるようにするためには、年齢や技能に応じた男女共習のゲームを構成することが重要です。すべての子供たちに平等で意義のある経験をさせるためには、ゲームのルール、用具、チーム構成、調整、コーチング、指導に配慮する必要があります。

8.　興味の探求と充実感

　子供全員が新鮮な発想で取り組み、自分の興味を発見できるように、新しいアクティビティを取り入れましょう。子供は、ゲームの選択を提供する男女共習のゲームの環境に参加することで、さまざまなゲームやアクティビティを体験することができます。このような活動のおかげで、安全な環境で新しいことを探求することに抵抗がなくなるでしょう。その結果、自己肯定感が高まり、自分が安心と感じる領域を広げようという意欲が湧いてきます。男女共習のゲームでは、協調性やチームワークを重視する必要があります。このようなゲームは、クラスメート同士の協力を促し、子供の社会的スキルを向上させることができます。さらに、異なる技術や長所を持つ仲間と協力することで、自分の興味を追求するきっかけになることもあります。子供が交流し、自分の興味を追求することで、楽しいと思う気持ちを高めることができます。楽しみながら新しいことに挑戦する興味と意欲が湧いてくるのです。

そして、男女共習のゲームは、満足感を与えます。Barnett（2016）は、満足感は学習行動の前提条件であるモチベーションに決定的な影響を与えると述べています。Herzberg（1966）は、幸福感と満足感はつながっており、高いモチベーションにつながると述べています。ゲームに参加することは楽しくてやりがいのあることであり、参加している間に楽しむことができれば、全体的な楽しさや幸福感を高めることができます。ゲームをすることで、喜びや素晴らしい感情を得ることができ、幸福感を高めることができるのです。このような感情は、子供たちを興奮させ、自信と自己価値を高めることができます。ゲームでの成功や上達は、満足感や充足感をもたらすこともあります。このような成功の感覚は、子供たちの幸福感や喜び、楽しさのレベルに影響を与えるでしょう。仲間と一緒にゲームをすることで、一体感や社会的支援が生まれることがあります。ゲームに参加するという行為は、楽しいものであるということになります。子供たちは、楽しみながら参加することで、満足感や充実感を得やすくなるのです。ゲームでの喜びは、良い感情を促し、成功感を与え、仲間とのつながりを築き、喜びや楽しみを促すことで、満足感を得ることができます。活動の前後の声かけで、子供たち全員が穏やかに過ごせるようにすることもできます。

9.　目標設定、フィードバック、サポート

目標設定は、身体活動を促進するための戦略として広く利用され、受け入れられています（Swann et al., 2021）。Locke and Latham（1990, 2002, 2013）の目標設定理論は、身体活動の促進と維持に関する研究と介入のためのよく知られた枠組みです。目標を設定することは、子供に方向性と目的感覚を与えることができるため、男女共習のゲームにおいても、目標設定は重要な要素です。この目標は、ゲームに勝つといったチームの成績に結びついたり、信頼を深めるといったチーム作りのための練習や課題に結びついたりすることなど様々なものがあります。より大きな目標を達成するために必要な段階が、プロセス指向の目標設定の主な焦点となります。例えば、サッカーのパスの精度を上げることを目標とした子供は、練習や技能向上のための戦略を練ることになります。実践的な目標を設定するには、SMART（Specific, Measurable, Attainable, Relevant, Time-bound）という目標設定の枠組みを使うと効果的です。個人とチームの目標を設定し、過程や結果に焦点を当て、SMART ゴール設定を基盤として使用することで、子供たちがゲーム

参加に目的意識と方向性を持ち、チームワーク、協調性、自己成長を促進することができます。さらに、男女共習でのゲーム中心の指導アプローチには、フィードバックとサポートの両方が必要です。子供のやる気と励ましは、ポジティブな後押しをすることで大幅に向上させることができます。子供の努力や能力の上達を認めることで、モチベーションや自尊心を高めることにもつながります。ポジティブな後押し、体系化されたフィードバック、個々に合わせたフィードバック、仲間からのフィードバック、フレンドリーな学習環境を提供することで子供の技能や能力を伸ばし、チームワークや協調性を奨励し、学びやゲームへの参加をうながすことができるのです。

10. 継続的な指導者教育と創造性

男女共習のゲームで実践的なゲーム中心のアプローチを行うためには、教師やコーチの指導者教育が重要です。効果的な指導者教育は、教師の専門知識とモチベーションを高め、子供の学びを高めることができます（Armour and Evans, 2006）。研修やワークショップ、指導者、専門家のネットワーク、資料を提供し、自己評価を促すことで、ゲーム中心のアプローチを通じて、子供の学習と成功を支援するために必要な能力と知識を、教師や指導者が習得できるようにします。男女共習のゲームでゲーム中心のアプローチをうまく適用する指導に必要な指導力や知識の向上は、教師や指導者に研修やワークショップを提供することで促進することができます。指導の方法、ゲームベース学習の基礎を学ぶことができます。教師や指導者がゲーム中心の指導方法で指導力を磨く際には、メンタリングやコーチングを行うことで効果的に、そして継続的にサポートをすることが不可欠です。その後、経験を積んだ教師や指導者がメンターやコーチとなり、必要に応じて提案や助言、支援を提供することもできます。

子供の既成概念にとらわれず、オリジナルのゲームコンセプトを構築するよう促し、男女共習のゲームにおける創造性と革新性を促進します。男女共習のゲームを通じて創造性と革新性を高めることで、子供は仲間と楽しく交流しながら、深く考える思考力、問題解決能力、協調性を向上させることができます。更に、指導者は、問題解決能力や思考能力を高めるようなゲーム環境を提供するべきです。男女共習のゲームでは、性別の固定観念を取り除き、避けるべきです。教師や指導者が支援する環境の中で、子供は失敗から学ぶよう奨励されるべきです。教師や指導者は、子供たちの様々な達成を褒め、認めるべきです。そして、男女共習のゲームは、フレンドリーな競争とチームワークを促進するために構成するべきです。男女共習のゲームは、子供がリーダーシップを実践する機会も提供すべきです。Fox（2022）は、平等教育学の最も重要なことは、意図的でなければならないということを主張しました。

11. ライフスキルのための身体活動

男女共習のゲームは、子供の身体的健康とフィットネスを促進し、身体活動を楽しく行う場を提供することができます。ゲームは、子供たちが自己、アイデンティティ、および能力の感覚をどのように発達させるかに大きく影響を与えます（Danish, Petitpas & Hale, 1993; Kleiber & Kirshnit, 1991）。男女共習のゲームでは、競争や勝利よりも、楽しさや面白さに重点を置くべきです。ワクワクしながら身体活動に取り組むことを奨励することで子供たちは、生涯続けられる身体活動への興味を育むこともできます。そのためには、指導者は、様々な興味や技術レベルの子供に適した多様な身体活動の場を提供するべきです。個人スポーツ、チームスポーツ、レジャー活動など、すべてこの分野に分類されます。男女共習のゲームでは、能力や体力に関係なく、すべての子供が多様な活動に参加できるようにしなければなりません。そのためには、特定のニーズに合わせて運動を調整したり、従来のチームスポーツに興味のない子供に、その他の多様な身体活動の機会を提供したりする必要があります。

12. まとめ

ゲームは、子供が楽しみながら社会性を身につけられるよう、様々な方法で他の仲間と交流することができます。子供全員がルールや安全上の注意を理解することに加え、子供の年齢層に応じて難易度を変えることを心がけましょう。男女共習のゲームは、特に男女の多様性を促進するために活用されています。子供にとっても見ている人にとっても、新しい競技スタイルとして楽しめ、予測不能な興奮を味わえます。チームメイトやライバルを尊重し、共感することで、子供の社会的・感情的知性を高めることができます。男女共習のゲームには、リーダーシップや自己啓発の機会が数多くあります。そして参加すること、インクルージョン、振り返り、話し合いを促すこと、そして、男女平等を促進する教育法や教材を提供することが重要です。指導者は、男女平等を促進するために可能なゲームやアクティビティを子供たちに紹介します。様々な可能性を持った戦略ゲームは、学びを促進します。性別に関係なくゲームに参加できる安全な環境を、指導者が意図的に作り、社会公平性を推進します。例えば、男女混合形式を用いたスポーツイベントを実施しましょう。男女共習のゲームは、チームワークや協調性、コミュニケーション能力、問題解決能力、意思決定能力、責任を取り合うこと、尊敬と共感、その他の価値観を奨励することによって、子供の重要なライフスキルの発達を助け、将来の成功に導くことができます。

【参考文献】

Armour, K. M. and Evans, J. E. (2006) 'Continuing Professional Development: Provision for Physical Education Teachers', http://www.esrcsocietytoday.ac.uk/ESRCInfoCentre/Plain_English_Summaries/knowledge_communication_learning/learning/index373.aspx?ComponentId=9724&SourcePageId=11766.

Barik, P., & Kar, R. (2019) Comparison of sports specific personality traits among invasion, target, striking/fielding and net/wall games. International Journal of Physiology, Nutrition and Physical Education, 4(1), 2016-2020.

Barnett, M. T. (2016) Contentment of varsity athletes and students:: a comparative analysis (Doctoral dissertation, Washington State University).

Channon, A., & Jennings, G. (2013) The Rules of Engagement: Negotiating Painful and "Intimate" Touch in Mixed-Sex Martial Arts. Sociology of Sport Journal, 30(4), 487–503. doi:10.1123/ssj.30.4.487

Danish, S. J., Forneris, T., & Wallace, I. (2005) Sport-based life skills programming in the schools. Journal of Applied School Psychology, 21(2), 41-62.

Danish, S.J., Petitpas, A.J., & Hale, B.D. (1993) Life development intervention for athletes: Life skills through sports. The Counseling Psychologist (Major contribution) 21 (3), 352-385.

Ellis, T. H. (1991) Sports protective equipment. Primary Care: Clinics in Office Practice, 18(4), 889-921.

Fox, D. (June 4, 2022) Framing Gender and Games Teaching: A Theoretical Lens with Practical Suggestions for Equitable Outcomes. Presented during the TGFU webinar. Retrieved from www.tgfu.info/uploads/1/0/0/8/10084267/dr_fox-_gender_equity_tgfu_slides.pdf

Gillies, R. M., & Khan, A. (2009) Promoting reasoned argumentation, problem-solving and learning during small-group work. Cambridge Journal of Education, 39(1), 7-27.

Hayes, S., & Killingley, T. (2015) Inclusive practice in sports coaching. In Becoming a Sports Coach (pp.69-82). Routledge.

Herzberg, F. I. (1966) Work and the nature of man. Cleveland: World Publishing Company.

Hills, A. P., King, N. A., & Armstrong, T. P. (2007) The contribution of physical activity and sedentary behaviours to the growth and development of children and adolescents: implications for overweight and obesity. Sports medicine, 37, 533-545.

Hopper, T. (2002) Teaching Games for Understanding: The Importance of Student Emphasis over Content Emphasis. Journal of Physical Education, Recreation & Dance, 73(7), 44-48. doi:10.1080/07303084.2002.10607847

Janssen I and Le Blanc AG (2010) Systematic review of the health benefits of physical activity and fitness in school-aged children and youth. International Journal of Behavioural Nutrition and

Physical Activity 7(40): 1-16.
Kit McConnell (July 31, 2021) Retrieved from Mixed-gender events: a sign of innovation and greater gender diversity at Tokyo 2020 - Olympic News (olympics.com)
Kleiber, D.A., & Kirshnit, C.E. (1991) Sport involvement and identity formation. In L. Diamant (Ed.), Mind-body maturity: Psychological approaches to sports, exercise, and fitness (pp.193-211). New York: Hemisphere Publishing Corporation.
Larson, R. W. (2000) 'Toward a psychology of positive youth development', American Psychologist, 55: 170–83.
Larson, R., and Verma, S. (1999). How children and adolescents spend time across cultural settings of the world: work, play and developmental opportunities, Psychological Bulletin, 125: 701-36.
Locke, E. A., & Latham, G. P. (1990) A theory of goal setting & task performance. Englewood Cliffs, NJ: Prentice-Hall.
Locke, E. A., & Latham, G. P. (2002) Building a practically useful theory of goal setting and task motivation: A 35-year odyssey. American Psychologist, 57(9), 705-717.
Locke, E. A., & Latham, G. P. (2013) New developments in goal setting and task performance. New York, NY: Routledge.
Martínková, I. (2020) Unisex sports: challenging the binary. Journal of the Philosophy of Sport, 47(2), 248-265.
Martínková, I. (2020) Unisex sports: challenging the binary. Journal of the Philosophy of Sport, 47(2), 248-265.
Merkel, U. (2003) The Politics of Physical Culture and German Nationalism: Turnen versus English Sports and French Olympism, 1871-1914. German Politics & Society, 21(2 (67)), 69-96. Retrieved from http://www.jstor.org/stable/23740767
Swann, C., Rosenbaum, S., Lawrence, A., Vella, S. A., McEwan, D., & Ekkekakis, P. (2021) Updating goal-setting theory in physical activity promotion: a critical conceptual review. Health Psychology Review, 15(1), 34-50.
Wallace, L., Buchan, D., & Sculthorpe, N. (2020) A comparison of activity levels of girls in single-gender and mixed-gender physical education. European physical education review, 26(1), 231–240.
Wright, J. (1997) The construction of gendered contexts in single-sex and co-educational physical education lessons. Sport, Education and Society, 2(1), 55-72.

第13章

技能差を超えたゲームの指導

Nahuel Varela（National University of La Matanza, Argentina）

（翻訳：石井幸司）

1. はじめに

80年代に生まれたTeaching Games for Understandingモデルは、今日のゲーム指導を大きく変化させました。本章で取り上げるAlmondとBunker、Thorpeの3人の貢献は、技能学習を超えたゲーム学習をもたらした点にあります。つまり、異なる技能レベルや運動経験を持つ子供がゲームを共有することで、誰もが学びを促進させることができるインクルーシブな学びを生み出す可能性を持っているのです。

AlmondとBunker、Thorpeによる著作が出版されて以来、このモデルを実行するために「ゲーム形式」、「ゲームの理解」、「戦術的な気づき」、「意思決定」、「技能発揮」、「パフォーマンス」の6つのステップが挙げられています（Bunker & Thope, 1986）。技能習得はこのステップでも非常に重要ですが、ゲームの戦術的な側面を優先させることで、技能習得の学習をゲームと分離した方法ではなく、活動の中で行うことができることを示しています。Kirk（2010）が言及しているように、TGfUモデルは、ゲームやスポーツの練習では必ずしも技術習得をした上で、ゲームでの高いパフォーマンス発揮につながるといった直線的な学びの発展になるわけではないことを示しています。Hopper（2011）によれば、TGfUモデルでは、戦術的な理解に重きがおかれているため、必要とされる技能が簡易化されており、子供は技能発揮といったパフォーマンス以外の他の側面に焦点を当てることができることが強調されています。

以上のことを考慮すると、技能レベルや経験の異なる人がゲームに参加できると考えれらます。この点は、Wang & Wang（2018）の研究でも、運動能力の低い男性や女性でも、経験が豊富な人と同様に参加できることが実証されています。これは、ゲームのルールが簡易化され、ゲームの参加時間が大幅に増加し、基本的な技能が身につくようになったためです。

また、Gabbett ら（2009）のレビューによると、技能指導に関する TGfU 研究では、ゲームを中心とした学習は、繰り返し技術的な指導を行った学習よりも、技能パフォーマンスが同等か、それ以上に向上することが報告されています。

2.　運動能力の差

技能発揮はゲームをするための基本ですが、状況に応じて何をすべきかを判断することも同じくらい重要です（Mitchell ら，2006）。つまり、何をすべきかだけでなく、「いつ？」「なぜ？」「どのように？」といった状況判断と文脈を理解する能力に焦点を当てています。この「意思決定」の瞬間は、技能発揮に先立つものであり（Bunker & Thorpe, 1986）、そのために戦術を理解することは、運動能力のレベルが異なる子供がゲームの状況を素早く解決するのに役に立ちます。

3.　技能差を超えた授業をどう指導するか？

Bunker と Thorpe の著作の出版から現在まで、スポーツのインクルーシブな学びに関連する多くの貢献があります。García López & Gutiérrez del Campo（2014）は、このテーマに関連する出版物は、2000 年以降さらに増えていると述べています。全ての子供が参加しやすい教育を実現する唯一の方法はなく、インクルーシブアプローチやゲームベースアプローチに関連したいくつかのアイデアや考え方が互いに補い合っています。そして、Mitchell ら（2006）の著書で、基本的な考えとして、戦術的な問題を起点として、難しさの異なるシチュエーションや様々な技能を組み合わせて活用することも提案しています。この場合、TGfU モデルは、「ゲームの修正」、「戦術的な理解」「技能発揮」の 3 つの重要なステップで構成されています。

Cavalli（2008）は、異なる技能レベルの学生を考慮する体育をデザインする際に以下の原則を提案しています。

1. 修正されたゲームをデザインする。
2. 技術的な要求を減らし、戦術を特定の運動技能よりも優先させる。
3. ゲームを参加者に合わせるのではなく、逆に参加者にゲームを合わせる。
4. ゲームを修正して、問題解決のための運動技能を変化させる。

さらに、Cabadas（2021）は、授業や活動を設計する際に考慮できる一定の制限を強調しています。

1. ゲーム空間を修正する。
2. 参加人数を修正する。
3. 用具を修正する。
4. ゲームのルールを修正する。

最後に、García López & Gutiérrez del Campo（2016）は、ゲームの後に課題に応じた練習の必要性を主張しています。彼らの提案は、ゲームのバランス（攻撃 - 防御間、対戦相手間）と子供の学習への取り組み（ゲームへの参加の仕方、楽しみ方、関与の仕方）を観察することです。良い授業計画には、運動技能のレベルが異なる子供を含めて、一緒に学べるようにすることが必要であることが主張されています。

4.　ゴール型

ゴール型とは、相手チームの陣地に侵入して展開するゲームのことです。点を取らなければならない目的（リム、ゴール、ゴールゾーンなど）は相手チームのフィールドにある場合が多いです。ゴール型ゲームは、1982 年から現在に至るまで、多くの著作や論文で発表され、分類されています。

本章では、ボールを使用することを共通の特徴とし、学校体育で広く使用されることの多い 4 つのゲームに重点を置いて解説します。そのスポーツはバスケットボール、ハンドボール、フィールドサッカー、フットサルです。Mitchell ら（2006）の提案によると、これらのゲームをプレイするには、パス、キャッチ（トラップ）、ドリブル、シュート、スローインといった基本的な運動技能を考慮する必要があります。技術に関する高度な知識を持たずとも、各ゲームの特定の技能の違いを超えて、すべての子供が、様々な状況を理解する力を育むゲームをプレイすることができるはずです。

1）　授業のはじめ

最初の授業やセッションで、教師はパスやキャッチといった運動技能を使うゲームをすることを提案します。

【10 回のパスのゲーム】

チーム編成：クラスをいくつかのチームに分け、4 対 4、5 対 5、6 対 6 などの対戦を行います。スペースや子供の人数にもよりますが、参加率を上げるために、小さなコートをいくつか作ることが提案されています（García López &

Gutiérrez Díaz del Campo, 2017)。

学習内容：ゲームの目的は、ライバルチームにボールを奪われることなく、10 回のパスを通すことです。

ルール：ボールを奪う唯一の方法は、パスをインターセプトすることであり、相手選手の手からボールを直接奪うことはできません。このルールは、まだこのゲームの経験があまりない人に有利です。ただし、ボールを持った状態で、プレーヤーは動くことができません。

例：サッカーとフットサル

足を使うゲームでは、ボールを保持することが容易にできないという難しさがあります。このようなゲームの場合、各プレーヤーの運動技能に関係なくゲームに参加できるようにするために、ルールの修正が必要です。プレーヤーがボールを持ち、靴底でボールを踏んでいる（ボールをコントロールしながら足の下に置いている）ときは、ボールを奪うことができないルールを加えることを勧めます。これにより、プレイヤーがパスを出すのに必要な時間が確保できます。もしそれでも、難しい場合は、ディフェンダーとボールを持っているプレーヤーの間に 1 メートル以上のスペースを空けなくてはいけないルールを導入します。

さらに教師は戦術的な課題を振り返ることができるように、発問を行います。

「より早くボールを奪うには、どのように守備に配置すればいいかな？」

この発問をきっかけに、各チームによるマンツーマンディフェンスが始まることになるでしょう。

2）　達成すべき目標

各チームが達成すべき課題を設定する必要があります。その課題は相手チームのフィールドにあるゴールにボールを入れることです。一般的なゲーム修正のポイントはシュートが打ちやすいように攻撃側を有利にすることです。プレーヤーのポジションは、1）と似ていて、各ゲームにおいて効果的な戦術をとるための基本的なガイドラインと考えていいでしょう。

【パスとゴールの合計を競い合う】

学習内容：5 回のパスを続けて行うことができたチームは、シュートを打つことができる。

ルール：ゴールを入れられたチームは、攻守を交代してゲームを続けます。

ゲーム修正：シュートで点を取る難易度が高い場合は、ゴールを大きくしたり

（サッカー、ハンドボール）、リングに触れたら点数を与えたり（バスケットボール）することもできます。

戦術的な理解：ディフェンスにおける空間的なポジションと関連して、ゲームの戦術的な課題を考えることができるような発問をします。

「相手チームが５回パスを出すことに成功したら、ゴールを守るために、どのようなポジションを取るべきかだろうか？」

子供たちは、相手プレーヤーとゴールの間を守り、ディフェンダーをゴール前に配置するようになります。

3）戦術的な理解

このパートでは、攻撃の戦術的な原則に理解することを提案します。そのために、前の２つのパートで提案したスペースを作ることをベースとし、運動技能はそのままにして、ドリブルを追加します。

ルールの修正：前の試合のルールに基づき、各プレイヤーには必要に応じてドリブルを行うことができるようにします。ただし、各プレイヤーがボールを持つことのできる時間は３秒以内です。それ以上ボールを持ってしまった場合は、ボールポゼッションを失い、相手チームと攻守を交代しなければいけません。

戦術的な理解：攻撃チームが有効な戦術について振り返ることができる発問をします。

「ボールを持った人が３秒以内にパスをするためには、どのような動きをすればいいかな？」

「どんなスペースを確保することが有利なのかな？」

チームが攻撃するとき、ボールを持たないプレイヤーが空いたスペースをパスの選択肢として探している可能性を考えることができます。

4）戦術の振り返り

このパートでは、攻撃の間にチームの戦術を振り返る事例を追加します。これまでのスペースを作ることと同様の戦術を活用します。

ルールの修正：このゲームでは、ゴールを決めるために、最小限のパスをする必要はありません。しかし、ゴールはそれまでに行ったパスと同じ点数が入ります。例：４回パスを出して得点した場合、４点を獲得する。

戦術的な理解：教師は攻撃の原理や得点について考えるための発問をします。

「シュートをする前に、何回パスを行うべきですか？それはなぜですか？」
「どのようなプレイスペースでもゴールを決めることは可能なのかな？」
「どこからシュートすると多くゴールを取ることができるかな？」

5. ネット型

ネット型とは、フィールドを2つに分ける区切り（ネット、ラインなど）があるゲームのことです。各チームは、相手のコートに入ることなく、そのスペース内でプレイをしなければなりません。多くのネット型では、相手のコートの空いているスペースにボールなどが落とすことを課題とします。

本章では、バレーボールを基にして簡易化した、ゲームをデザインしました。その目的は、運動技能やゲーム経験の違いを超えて、さまざまな子供が参加し、学ぶことができるいくつかのアイデアを提案することです。

体育の授業でバレーボールを行う際の最大の難しいところは、一般的な子供はバレーボールの経験があまりないため、ボールの軌道を正しく読み取れないことです（Mitchell, Griffin, & Oslin, 2006）。Batezら（2021）の研究では、12回のバレーボールの授業でTGfUモデルを用いた授業では、子供がオーバーヘッドパスを好む傾向にあることが示しています。このことから、子供が意思決定する技能は、打つだけでなく、レシーブや投げることを試合の最初から取り入れることが必要です。

1）技術の選択

ゲームの最初に、教師が子供にゲームで行う技能を選択するよう投げかけます。こうすることで、打つことも、取ることも、投げることも、どれも選択可能になります。

【隕石スマッシュゲーム】

チーム編成：ゴール型と同様に、子供の参加率を高めるために、小さなコートにスペースを分割することが大切です。ネットの高さは教師の判断で変えることができます。子供の人数に応じて、2対2、3対3、4対4のチームを編成します。

ルール：各チームは相手のコートに「隕石」に見立てたボールを投げ、「隕石」が相手の「惑星」（コート）に落ちれば得点とします。従来のバレーボールと同様に、コートを区切るラインの外にボールが落ちた場合は、得点になりません。

戦術的な理解：教師はバレーボールのみならず、他のネット型に関連することのできるような中心的な発問をします。

「ボールを投げるのに有効な場所はどこだろう？」

バレーボール（や他のネット型）は、ボールをネットにかからないように、空いたスペースにシュートを打つものだということを、子供たちが理解できるようにします。

2）ゲーム理解①

これまでのスペースの工夫から、ゲームの理解を促すためにルールに変化をつけます。

ルールの修正：最初のルールは、ボールがコートのラインで区切られたスペースの外に落ちた場合、最後にボールに触れたチームに１点を科すというものでした。このゲームについては、自陣でパスをせずにネットの反対側へシュートをしてはいけないルールが追加されています。つまり、ボールを相手チームのコートに投げたり打ったりするには、まずパスが必要になります。

戦術的な理解：子供がボールを持たない時にどのように動けばよいかを判断することを考えさせる発問をします。

「チームメイトがボールを受け取ったとき、どのような行動をすればいいかな？また、どのようなスペースに動くのがよいかな？」

子供たちはこの課題を解決ために、チームでフォーメーションやスペースの位置の選択肢を予測することがでるようになります。

3）ゲーム理解②

スペースや１チームあたりの人数など、これまでのルールに引き続き、ゲームへの理解を深めるためのバリエーションを提示します。

ルールの修正：García López & Gutiérrez Díaz del Campo（2017）は、ボールを投げるのではなく、ボールをはじいて得点することに成功した場合に、より多くのポイントを与える活動を提案しています。例としては、投げて得点した場合は１点、ボールをはじいて得点した場合は３点というようなものが考えられます。こうすることで、ゲームのスピードを上げ、攻撃や守備のバリエーションを増やすことができます。

戦術的な理解：パスやアタックをする判断スピードに関連した発問をします。

「どのタイミングでアタックするのが有効なのか？　アタックの前にパスはどうすればいいかな？」

子供たちはこの発問により、チームメイトに高いパスを出して、自分のチームの時間的余裕を稼いだり、速攻で打って相手チームに時間を与えないうようにしたりすることを意識するようになります。

4)　素早いディフェンス

ディフェンスも速くなるように修正することを提案しなくてはいけません。

ルールの修正：ボールを取ったプレーヤーは 3 秒以内に投げる。また、得点をとるために自陣で 2 回はボールをはじくプレイをしなくてはならないというルールにします。

戦術的な理解：ディフェンスの行動、移動した軌跡、空間的な位置について考えることができるような発問をします。

「ボールは捕るべきかな？どのような場合に捕って、どのような場合に直接打つべきかな？」

「みんながボールを捕らずに打てるようにするには、どうしたらいいかな？」

これらの問題を解決し、ゲームスピードを向上させるためには長い時間の授業計画が必要になることがあります。

6.　最終的な検討事項

TGfU モデルは、すべて子供が共にゲームを学び、参加することを目指してきました。運動技能やこれまでのゲームの経験が、学習目標達成の妨げになってはいけません。この章の中心は、技能の程度にかかわらず、すべての子供の参加を促進するゲームの例を紹介しました。そのためには、教師が技能とゲーム理解がどのように結びつくかを深く理解し、それに基づいてゲームを修正することが大切です。

最後に、TGfU モデルでは、子供が戦術的な視点でゲームを楽しみ意思決定し、話し合いをし、様々なゲームを経験することを提案しています。こうした取り組みを通して子供たちは技能の違いを超えて、ゲームを理解し続けることができます。

第 14 章

発達段階に応じたゲーム指導

Jenna Fisher & Liz Dlugolecki（West Chester University of Pennsylvania, USA）

（翻訳：羽石架苗）

1. 発達段階に応じたゲーム指導

本章は、教師がさまざまな年齢層の子供のためにゲーム中心の指導アプローチを使った単元計画をする際の参考となるものです。体育の授業でスポーツやゲームを教える方法は様々ですが、本章では、学年を問わず、発達段階に応じたゲーム指導を紹介します。子供は画期的なスピードで成長・発育し、入学時と卒業時では発達の特徴に大きな違いがみられます。発達段階に応じたゲーム指導を実行するには、教師が子供の年齢レベルに応じたニーズを熟知していることが必要です。したがって、子供の身体的、運動技能的、知能的、心理社会的な発達と能力を理解することは、ゲーム中心の指導アプローチの計画を立て、学習成果を効率的に達成するために不可欠です。人間の発育は、様々なペースやスピードで起こり、様々な時期に始まり、終わります。したがって、発育は年齢と関係はしますが、年齢のみによって発育のレベルが決まるということはありません。

まず、本章では、人間の発育の 4 つのタイプについて紹介します。続いて、小学校低学年、高学年、中学生、高校生の年齢レベルと子供の発達段階に応じての、ゲーム指導に関連する内容を具体的に説明します。この章の終わりには、効果的な計画と指導のための推奨事項が述べられていて、それらはゲーム中心の指導アプローチ（GBA：ゲームベースアプローチ）のキーポイントによって分類されています。

2. 子供の発達の特徴

身体的発達とは、一生の間に細胞が成長し成熟することを指し、一般的には骨格、筋肉、神経系の変化に関連します。身体の変化に伴い、運動技能のパフォーマンスや学び、知能や思考プロセス、心理社会的アイデンティティや自己表象の行動や嗜好に直接的な影響があります。これらのシステムは、身体の中で相互に関連しているため、他のシステムによる変化の影響を受けやすいです。このような発達が、個人の生涯を通じて行われ、人間というものを作り上げていくのです。**運動能力の発達**とは、運動技能（ジャンプ、ランニング、投球、キャッチボールなど）をコーディネートした運動パターンと身体のコントロールが関わる過程を指します。運動技能の発達段階は、熟練度、コーディネーション、コントロールのレベルによって分類され、身体的発達に直接影響します。運動能力の発達は、個人の経験や意図的で、発達段階に応じた指導により、小学校から高校の過程で徐々に変化します（Haibach-Beach, Reid, & Collier, 2018）。**知能発達**は、時間の経過とともに、思考、学習、事実の吸収、抽象化、計画、意思決定などに影響を及ぼします。ゲーム指導においては、ルールを理解して従う能力、ルールの変更を受け止め、柔軟に思考し続ける能力、運動の目的（勝ち負けや協調性など）を理解して努力できる能力があると認識することも重要です。**心理社会的発達**とは、情意領域、価値観、社会的アイデンティティ、自己 - 他者関係が時間とともにどのように発達するかを表す包括的な用語としてよく使われます。心理社会的特性は、共通の目標に向かって協力する能力、他者の考えや視点を受け入れる能力、自分を価値ある存在と認識する能力、適切な社会的スキルの活用、人格形成の能力などに基づいて、どのくらいゲームプレイができるかを決定します。

3.　ゲーム中心の指導アプローチの理念を人間の発育とつなげる

ゲーム中心の指導アプローチの理念には、ゲームプレイを通じた学習、ゲームの理解、戦術の気づき、適切な意思決定、適切な技能練習、ゲームパフォーマンスと他のゲームへの学習移行に重点を置いた、少人数制の修正ゲームの利用が含まれます。発達段階が様々であるため、教師は、身体的な発育に応じた用具のサイズやゲームの設定、運動技能の発達による誇張や技能習得の強調、知能発達に応じた戦術の複雑さ、心理社会的発達によるチーム内での関係や練習の体制といったことをじっくり検討する必要があります。

ゲームの理解には、ゲームの構造と戦術の気づきが含まれます。構造とは、ルール、境界線、ゲームの目的、用具の使用法、ゲームの動きの可能性などです。**戦術の気づき**とは、子供たちがゲームの目的や、ゲームパフォーマンスを向上させるために的確な状況判断が重要だということを自覚する必要があります。一般的に、どのような戦術的課題を設定するかは、最初の修正されたゲームの中でのパフォーマンスを観察することで、子供の知能や技能が明らかになります（Metzler, 2011）。意思決定には、戦術的な知識を適用するためにどの技能が必要かを考え、その技能をいかに活用するかという思考適性が含まれます。適切な技能の実行は、戦術的な理解と適切な意思決定をする能力が向上するにつれて、その向上に適応した技能の上達を示します。**ゲームパフォーマンスと他のゲームへの学習転移**とは、子供が新しく学んだ戦術や技能を（状況に応じた技能の実行）修正されたゲームの中で実行する段階です。さらに、この段階では、技能を実行する段階からゲーム全体へのパフォーマンスの移行や、同じゲームカテゴリー内の異なるゲーム間での技能や戦術の移行など、技能の実行を様々な形で移行していく様子がわかります。

4.　就学児を対象としたゲーム中心の指導アプローチの発育的考察

1)　小学校低学年レベルでのゲームプレイ（幼児から小学校２年生：5 － 6 歳）

小学校低学年の子供たちは、大人が考えるようなゲームをプレーする技能の発達がまだできていません。このような幼い子供たちは、他の子供たちと有意義にかつ一貫した方法で協力するという能力をまだ養っていないのです。この年齢層の子供たちは、まだ他者のことを考えることができない（自己中心性）ため、チームメイトと共有し、共通の目標に向かって努力するという概念を理解していません（Haibach-Beach, Reid, & Collier, 2018）。また、チームプレイを基盤とした技能（例えば、ボールをパスしたりキャッチしたり、チームメイトが優位に立つために必要な場所にボールを正確に動かすなど）において、チームメイトを成功に導くための総合的な運動能力の発達やコントロールもまだ養っていません。この段階で「ゲームプレイ」を実践するには、他人との競争ではなく、用具などを操作する技能やコントロールなどの、主に個人で取り組む技能に焦点を当てる必要があります。ボールを投げたりキャッチしたりするという単純な練習が、幼い子供にとっては「ゲームをしている」と言えるのです。

2)　小学校中高学年レベルでのゲームプレイ（小学校３ － ５年生：7 － 10 歳）

この時期の子供たちは、協調的なゲームを続けながら、より競争的なゲームへと発展させることができるようになります。身体面では、この時期の子供たちは目覚ましく成長しています。視覚的には、視力（鋭さ）が発達していますが、まだ図地認識が難しく、そのために物体の追跡するという能力に欠けています

表 1　小学校低学年向けゲーム

	小学校低学年
ゲーム理解	**標準・授業構成** ー「ゲーム、練習、ゲーム」の授業構成を頻繁に意識させます。
	ルールとゲーム構成 - 競争的なゲームを制限し、自分自身や小さなグループ内での競争に重点を置きます。 - ルールやストーリーテリングや比喩を用います。 - シンプルなルールとルールを破った場合に何が起こるかを教えます。 - ルール、境界線、得点の意味や目的を子供自身が理解できるように、ガイドディスカバリーアプローチ（発問を使って答えを導き出す）を使用します。 - 広いスペースと質感のある床（および用具）により、ゲームプレイをスローダウンさせ、技能の発達に集中させます。
	用具とスペース - 子供のサイズに合わせます。 - 技能のバリエーションと技能の移行を可能にするため、用具を頻繁に工夫します。 - 子どもの視覚と身体の発達に合わせたサイズ、重さ、質感、色のコントラストを考慮します。 - 質感のあるボールやフィールドは、ゲームをスローダウンさせることができます。
戦術の気づき	- ポジション（ボールなど）の維持、侵入、攻撃、スタートとリスタートの戦術を簡略化して紹介します。 - ポジション（ボールなど）の維持は、コントロールとコーディネーションの技能を高めることで可能となります。 - 鬼ごっこや的あてゲーム、追いかけっこ、氷鬼ゲームが典型的な例です。 - ゲーム終了後、すぐに授業のまとめや思考的な話し合いを行います。
意思決定	- 用具の操作を指導する前に、ゲーム領域のなかでの動き（スペースへの意識と固有感覚）の基本的な理解に重点を置きます。 - なぜ技能や戦術が必要なのかを理解するために、ゲームのなかで戦術的なコンセプトを教えます。
適切な技術の実行	- 運動概念、身体運動、空間認識、固有感覚を探求し、発達段階に応じた適切な運動体験を提供します。 - 適切な用具や技術向上のための適切な運動パターンを見出すために、個人で探求できる機会を作ります。 - 子供個々のペースで、また変化の少ない環境の中で、個人的に技術を練習します。 - 子どもたちが自分自身の上達を比較することで、努力を教え、自己の成長を測ることができます。
ゲームパフォーマンスと他のゲームへの学習転移	- 同じゲームカテゴリーの間、または異なるゲームカテゴリーのゲーム間で、同様の技能や戦術（例えば、スペースの使用）を使用することを明示的に説明します。 - ルールや道具が頻繁に変わることで、戦術や技能の移行が容易になります。

表２　小学校高学年向けゲーム

	小学校高学年
ゲーム理解	**標準・授業構成** -「ゲーム、練習、ゲーム」の授業編成を再教育します。 -（心理社会的な準備が整えば）軽い対戦ゲームを始めます。 - 修正された小さなゲームを取り入れます。
	ルールとゲーム構成 - 基本的な鬼ごっこや追いかけっこをします。 - オープンな環境で、戦術的な目的のために様々な技能を徐々に組み合わせていきます。 - 操作系技能の発達に重点を置いたリードアップゲームを導入します。 - より複雑なルールを徐々に紹介します。 - ルールの変更によって多くの練習機会が作られていることを確認します。 - チーム編成は４人以下とします（判断の選択肢が多くなりすぎないようにするため）。
	用具とスペース - 子供のサイズに合わせた用具を引き続き使用します。 - 子供の体のサイズが小さいと、移動距離が長くなりすぎる（疲れる）のを避けるために、より小さなフィールドを作る必要があります。 - フィールドの大きさ（境界線）を変えることで、ゲームによって、より簡単またはより難しいゲーム状況を作り出すことができます。
戦術の気づき	- 簡単な戦術を教えます：ポジション（ボールなど）の維持、侵入と攻撃、プレーの開始と再開、ディフェンスとゴールを守るなどの戦術。 - 子供がボールなどをコントロールしながらポジションを維持できることを確認します。 - 戦術の複雑さは、ディフェンダー（コールドディフェンダー：軽いディフェンス、とウォームディフェンダー：よりハードなディフェンス、守備を打開していくことを学ぶ）、マークとガードの追加によって変えることができます。 - 守備から攻撃への移行（攻守の切り替え）を強調します。
意思決定	- 小学校高学年では、さまざまなゲーム形態やゲームカテゴリーを概念化する能力が発達するため、小学校低学年よりもゲーム中の判断力が重視されるようになります。 - 実際の判断よりも、適切な状況で様々な技術を組み合わせて使うことを重視します（例：「オープンスペースに移動する」を強調するのではなく、トラップ、コントロール、ドリブルでディフェンダーからボールを遠ざけることに重点を置く）。
適切な技術の実行	- ゲームプレイの前に、生徒の運動技術の発達が比較的安定しており、協調性がある（例：ボールをコントロールできる）ことを確認し、連続した（ゲームが泊ってしまう回数をできるだけ少なくする）ゲームプレイができるようにします。 - 運動の概念（例えば、スペース、強さ、関係性）を利用して、ゲームの状況に応じて技術の発達と学習移行を変化させる。例えば、異なる速度、異なる経路、他の人や物（ディフェンダーやマーカー）との関係でドリブルを行います。

適切な技能の実行	- 様々な技能を組み合わせて、ゲーム状況に沿った（ゲームのような）練習をします（例：ドリブルとパスでボールをスペースに移動させる）。 - 技能は、よりオープンで予測しにくい環境で練習することで、ゲームに使える技能を上達できるようにします。
ゲームパフォーマンスと他のゲームへの学習転移	- さまざまなゲームにおける技能や戦術の移行を紹介します。 - ゲーム条件の違いが意思決定とどのように関係するのかを説明します（ゲーム内およびゲーム間で）。 -2 日ごとにゲーム、用具、ゲーム条件を変更し、子供が知識や技能の移行を練習できるようにします（Mitchell, Oslin, & Griffin, 2003）

（Haibach-Beach, Reid, & Collier, 2018）。与えられたスペースと安全への理解、さまざまな（主にコーディネーション）運動技能を組み合わせる能力、そして他者と協力し、他者の視点を認識する能力が新たに身についたこの時期の子供たちは、チームを基礎とした修正ゲームや少人数制ゲームを導入することができるようになります。さらに、この段階の子供たちは、ゲーム戦略の基本、相手を回避したり騙したりする作戦、ルールやその他の制約を操作することで、ゲームプレイに影響を与えることができることを理解するなど、より複雑な概念を理解し始めます（例：ルールを変えてよりパスを引き出す；Haibach-Beach, Reid, & Collier, 2018）。

3）　中学校レベルでのゲームプレイ（小学校 6 年生―中学 3 年生：11 － 13 歳）と高校レベル（高校 1 年生―3 年生：14 － 18 歳）

中高生になると、ゲームはより複雑になり、子供同士が協力し合うとともに、他の子供やチームとの競争に重きを置くことが多くなります。ゲームに近い形態や目的に応じてのポジショニング、子供の役割分担が増えるため、戦術的課題を解決するための戦略が非常に重要になり、抽象的思考、他者の視点への考慮、ゲーム状況を予測する能力といった知能機能の発達が求められます（Butler & Griffin, 2010）。このレベル（中学、高校レベル）では、ゲームは実際のスポーツでのゲームに似ていることが多く、一般的なゲームの分類（ゴール型、ネット型、ターゲット型、ベースボール型）に分けられることが多いです。青年期の知能・心理社会的発達が進むとともに、ゲームプレイの技術や戦術分析の多くを子供たちが行い、子供たち同士で、どの技能を練習する必要があるか、どの戦略が問題解決につながるかを予測し、ゲームのパフォーマンスを向上させるためにチームメイトとコミュニケーションを取り、協力することができます。

表３　中学校、高校向けゲーム

	中学校・高校
ゲーム理解	**標準・授業構成** -「ゲーム、練習、ゲーム」の構造を継続します。
	ルールとゲーム構成 - ゲームの形式や条件を操作して、本物のゲームに近い修正ゲームを構成します。 - ルールや得点方法を変更し、授業の目的に基づき、オフェンスまたはディフェンスのどちらかが不利になるような状況を作り出します。例えば、オフェンスの戦略を練習するために、ディフェンスを不利にして（2 対 1）、オフェンスがその戦略を練習しやすいようにします（ただし、簡単すぎないようにする）。 - 年齢の高い子供は抽象的な思考力が高いため、ゲームにおける様々なポジション（例：サッカーのストライカー、バスケットボールのフォワード）とその特性を紹介します。 - 子供とチームの責任と信頼性を高めます。 - はじめの修正のゲームのタイミングは、戦術的課題を発見する時間だけとし、その後、戦術的な気づきと適切な技能の実行に移行します。
	用具とスペース - ゲーム内での異なる要素を引き出すために、ゲームのスピードを上げたりゲームプレイを変えるために、用具を工夫します（ゲームによっては、より小さい用具や重い用具を導入することがある）。
戦術の気づきと意思決定	- 戦術的課題を様々なゲームに関連付け、移行しやすくします。 - 戦術的課題、戦略、技術を区別し、戦術的課題と適切な戦略を主な焦点とします（小学校レベルとは異なる）。 - 戦術的な気づき行う責任を子供に任せます。 - 意図的に計画され、関連した発問を使用します。 - チームメイトとコミュニケーションを取りながら、ゲームプレイを深い思考でとらえ、分析するための十分な時間を確保します。効果的なコミュニケーション、協調性、問題解決のスキルを奨励します。 - 戦術的課題を発見し、解決策を話し合う際に、歳の低い子供の中には、他人の動きを予測することが難しいこと、社会的な障壁、仲間同士の関係性やそのストレスがあることを想定しておきます。 - 歳の大きい子供たちは、歳が低い子供と比較して、より仲介者的なアプローチで指導することができます。
適切な技術の実行	- 戦術的課題を解決するために、さまざまな状況下で技能を組み合わせて使用することを促進します。 - スピード、かける力、方向、精度を変化させることで、様々なゲームの状況に応用できるような運動技能を磨きます。 - ゲームのような環境で、戦術的課題や解決策に関連した技能を指導します。

ゲームパフォーマンスと他のゲームへの学習移行	- ゲームプレイの前に、子供の運動技能の発達が比較的安定しており、協調性がある（例：ボールをコントロールできる）ことを確認し、連続した（ゲームが止まってしまう回数をできるだけ少なくする）ゲームプレイができるようにします。 - 運動の概念（例えば、スペース、強さ、関係性）を利用して、ゲームの状況に応じて技術の発達と学習移行を変化させます。例えば、異なる速度、異なる経路、他の人や物（ディフェンダーやマーカー）との関係でドリブルを行います。 - 様々な技能を組み合わせて、ゲーム状況に沿った（ゲームのような）練習をします（例：ドリブルとパスでボールをスペースに移動させる）。 - 技能は、よりオープンで予測しにくい環境で練習することで、ゲームに使える技能を練習できるようにします。

5. 発達に応じたゲーム指導をするために

発達に応じた指導は、すべての学年レベルにおいて、子供の能力を考慮することを含みます。学校教育のさまざまなレベルにおけるスタンダードは、知能、心理社会的能力、身体的、運動的発達に関する子供の発育に基づくものです。子供の発育をしっかり理解することによってのみ、教師は効果的な学習環境を作り上げることができます。つまり、年齢に応じてゲームを簡略化し、修正することで、技能の向上だけでなく、なぜ特定の技術が異なる場面で必要なのかを理解することに焦点を当てることができるのです。

【参考文献】

Butler, J.I. & Griffin, L.L. (2010). More Teaching Games for Understanding: Moving Globally. Human Kinetics: Champaign, IL.

Haibach-Beach, P.S., Reid, G.D., & Collier, D.H. (2018). Motor Learning and Development, Second Edition. Human Kinetics: Champaign, IL.

Metzler, M.W. (2011). Instructional Models for Physical Education, Third Edition. Holcomb Hathaway Publishers Inc.: Scottsdale, AZ.

Mitchell, S.A., Oslin, J.L. & Griffin, L.L. (2003). Sport Foundations for Elementary Physical Education: A Tactical Games Approach. Human Kinetics: Champaign, IL.

Pangrazzi, R.P. & Beighle, A. (2015). Dynamic Physical Education for Elementary School Children: 18th Edition. Pearson Inc,: New York, NY.

Rink, J. (2005). Teaching Physical Education for Learning. McGraw Hill: New York, NY.

Stodden, D.F., Goodway, J.D., Langendorfer, S.J., Roberton, M.A., Rudisill, M.E., Garcia, C., & Garcia, L.E. (2008). A developmental perspective on the role of motor skill competence in physical activity: An emergent relationship. Quest, 60, 290-306.

第15章

ゲーム指導におけるインクルーシブ教育

Matthew Patey（Bridgewater State University, USA）
Kyoung June (David) Yi（University of Manitoba, Canada）
（翻訳：石井幸司）

1. なぜインクルーシブゲームなのか？

世界中で人口統計の急速な変化が起きています。ボールゲームに参加する人たちはさまざまな技能や経験、人種・民族のバックグラウンドを持っています。ボールゲームに参加することは、様々な文化や言語が混在する場となり、多様な能力を持つ参加者が文化や言語の境界を超えることを可能としています。多様で複雑なゲームの環境は、参加者に対して「身体的リテラシー」を学ぶ機会を提供してくれます。「身体的リテラシー」とは、生涯にわたって運動に親しみ、健康的な生活を送るための技能、知識、態度、行動などを指しています（Whitehead, 2010）。しかし、多様性および多様性から派生する様々なニーズは、ゲームでの指導を極めて複雑で困難なものにすることもあります。Patey ら（2019）は、ゲーム指導者・教師は、すべての参加者にとってインクルーシブなゲームや学習環境を作ることの重要性を認めながらも、すべての参加者のニーズを特定し対応することは不可能である（mission impossible）と述べ、参加者が不満を表していることもあると指摘しています。

ボールゲームの指導者・教師は、ゲームを通じて参加者に公平に成果をあげる機会を提供する重要な役割を担っています。参加者の多様な教育ニーズに対応するために、ゲーム指導者・教師は、指導におけるインクルーシブな意識を高めることが求められています。これは、指導者・教師の積極的なゲームへの関与であり、参加者とのコミュニケーションや対話に重点を置いて、ゲームにおける参加者のさまざまなニーズを特定し、同時に指導の中で生じる可能性のあるニーズに対応することを意味しています（Patey et al, 2021）。この教師・指導者のインクルーシブな意識は、参加者がゲームのコンセプト、技能、戦術について異なる理解をしてプレイすることを観察し、それらの異なるニーズに応じて迅速なサポートを提供することで達成できます（Patey et al, 2021）。Gay（2009）によれば、教育学や指導は「多様な生徒のための信念、プログラム、実践は、文化的知識と異なる民族、人種、社会、言語集団への対応力によって知らされる複雑性（または多様性）の規範的基準によって支配されるべきである」（p.16）と述べています。

さらに、ゲーム指導は、相互に関連するシステムの中で運営されています。指導生態学のパラダイムによれば、管理（例：規則やルーチンの規定）、指導（例：指導内容の提示・提供・伝達）、社会関係（例：指導者・教師と参加者の関係、参加者同士の関係）は、これらのシステムによって形成・進化・変更・維持される指導者・教師の実践の中で相互的に関わっています（Hastie & Siedentop, 2006）。指導者・教師は、このような複雑なシステムの中で、参加者の多様性によって異なる解釈、予測、対応をする必要があるため、ゲーム指導の複雑さはさらに高まります（Hastie & Siedentop, 2006）。さらに、指導者や参加者のゲームにおける経験は、常に変化するゲーム状況の中で、その関係性や相互作用を通じて、絶えず変化し交錯しています。

ゲームは楽しく、快楽的なものです。あらゆる種類の身体活動を伴うゲームは、全人的な発達に寄与し、生涯にわたってアクティブな生活を送る可能性を高めます。しかし、前述のように個人の身体的、社会的、認知的な発達や、ゲームに参加するための能力、コンピテンシーはそれぞれ大きく異なります。このような個性や多様性を考慮し、ゲーム参加における社会的な平等と公平性を確保するために、すべての人が参加できるゲームを提供する必要があります。

2.　インクルーシブゲームの理論モデルの基礎となるもの

インクルーシブ教育（Inclusive Pedagogy）、文化的関連性のある教育（Culturally Relevant Pedagogy）、リレーショナル教育（Relational Pedagogy）など、さまざまな教育学的アプローチがゲーム指導に影響を与えています。

1）　インクルーシブ教育（Inclusive Pedagogy）

インクルーシブ教育とは、地位や背景、能力に関係なく、すべての参加者に公平な機会を提供することを目的とした指導モデルのことです（Florian & Beaton, 2018）。ゲームの文脈では、指導者／教師は、ゲームを修正し個別化することによって、公平な参加機会を提供することができます。また、指導者・教師は、参加者のゲームパフォーマンスの違いに対応する方法として、多様な身体能力に対する気づきと受容を高め、社会的に受け入れる環境を作る必要があります。

2） 文化的関連性のある教育（Culturally Relevant Pedagogy）

文化的関連性のある教育とは、参加者の多様な文化的アイデンティティを認め、その文化的アイデンティティの形成を肯定的に受け入れる教育的アプローチを指します（Ladson-Billings, 1995）。ゲームにおいて文化的に適切な環境を確立するには、多文化的なアプローチ（例えば、初心者、LGBTQ+、先住民のコミュニティからの参加者など、多様な文化的背景や経験を持つ参加者にとって視覚、聴覚、シンボルが文化的に安全、かつ適切であることを考慮すること）に取り組むことが必要です。このような考え方は、ゲーム参加者の異なる文化的理解や慣習に安全な方法で対応できる文化的コンピテンシーを、指導者や教師が身につけることを促しています。

3） リレーショナル教育（Relational Pedagogy）

リレーショナル教育は、ゲーム指導をゲーム指導・学習に関わる当事者間の個人的･社会的･指導的関係を構築するプロセスにアプローチする指導法です（Patey et al, 2021）。参加者と指導者・教師の間に確立された関係があれば、指導者・教師は参加する生徒のニーズを理解しやすくなるため、指導者・教師の包容力と対応力を促進できると報告されています（Patey et al, 2021）。また、確立された人間関係は、学習コミュニティ内での帰属意識を高め、生徒の体育に対するモチベーションや参加を強化することができます（Patey et al, 2021）。これらの様々な教育学的アプローチは、ブレンドされた方法であれ、単独であれ、教師がその教育実践において柔軟に対応し続けるためのヒントとなっています。

3. ゲームにおけるインクルーシブの原則

1） アクセシビリティ（Accessibility）

参加者がゲームをプレイするためには、「参加しやすい」ことが不可欠です。したがって、インクルーシブなゲームの指導の出発点は、いかなる参加者も参加できることを保証することです。これには、ゲーム会場の適切な建築環境、ゲーム会場や用具の使い勝手、会場までの交通手段、支援システム（低所得家庭の参加者への金銭的支援、言語翻訳支援など）、情報やリソースへのアクセスなどが含まれます。

2）　マジックプリンシプル（MAGIC Principles）

Kasser（1995）によれば、ゲームは誰にとっても有意義で楽しいものであるべきです。このような基本的なメリットを実現するために、ゲームは参加者が自己調整し自律的に学習できるような動機づけのあるものであること、仲間とプレイすることを楽しめるような年齢に応じたものであること、身体の成長・発達のレベルに応じた成長志向のものであること、参加と達成のために個に応じたサポートを受けられるような個別性のあるものであること、自分の技能レベルや能力に応じて達成可能かつ意味のあるチャレンジができるゲームに参加できるようなものであるべきです。

3）　ゲームを適応する際に問うべき質問（Lieberman & Houston-Wilson, 2017 より改変）。

Lieberman & Houston Wilson（2017）は、ゲームの指導者・教師は、ゲーム指導を計画、実施、評価する際に、以下の質問をするべきだと提案しています

- プレイヤーは何ができるのか（見る、聞く、演じるなど）？
- プレイヤーは何が好きなのか（目標、願望、興味など）？
- プレイヤーのこれまでの身体活動やゲームに関する経験は？
- プレイヤーはその能力のサポートを必要としているのか？
- プレイヤーのパフォーマンス（サポート、技能発揮など）はどうか？
- 禁止（推奨されない）とされる活動はあるか？

4）　ゲームを修正する際の留意点（Austin & Lee, 2013 より改変）

Austin & Lee（2013）は、インクルーシブを確立するためにゲームに修正を加える際に、考慮すべきさまざまな側面を提示しています。その中には、以下のようなものがあります。

- 様々なソースやリソースから情報を収集する。
- 活動の選択・変更プロセスにプレイヤーを巻き込む。
- 集団で確認された目標や目的に基づいて意思決定されるようにする。
- 自律的な選択の機会を確実に提供する。
- プレイヤーを決めつけないようにする（人はそれぞれ違う）。

・能力、体力、モチベーションに着目する。
・単にゲームを容易にするために障壁を取り除くことは避ける。
・アクティビティが有意義に挑戦できるレベルから始める。
・意味のある挑戦のために、構造やルールを「容易」に修正することを考える。
・技能が十分に身についたら、ゲームの競争的な側面を強調する。
・可能であれば、「すべての」プレイヤーにとって公平なルールを作る。
・観客の役割を提供しない。

4. ゲームにおける「学習のためのユニバーサルデザイン」への取り組み

「学習のためのユニバーサルデザイン」は、すべての子供のための教育と学習を高めるための枠組みです（CAST, 2018a）。ユニバーサルとはすべての生徒が利用できること、デザインとは子供を意識してレッスンを計画すること、ラーニングとは学習の「何を」「どのように」「なぜ」教えるかを意味します（CAST, 2018a）。ゲームを教える際に「学習のためのユニバーサルデザイン」アプローチを用いることは、幅広い子供を想定して様々なレッスンや学習環境をデザインすることです。具体的には、子供自身がどのように学ぶかに焦点を当てて計画します（CAST, 2018a）。

学習は３つの大きなネットワークを通じて行われます。それらは、認識ネットワーク（学習の「何」）、戦略ネットワーク（学習の「どのように」）、感情ネットワーク（学習の「なぜ」）です（CAST, 2018b）。

・学習の「何」は、あなたの指導やレッスン内容を複数の方法で表現（情報はさまざまな方法で提示される：例えば、テキスト、写真、チャート、ビデオ、図面、教師または子供のデモンストレーション）して、生徒に提供することを意味します（CAST, 2018b）。
・学習の「どのように」は、子供が知っていることを行動・表現する複数の手段を提供することを意味します（例えば、選択テスト、プレゼンテーション、ふりかえり、ビデオ）（CAST, 2018b）。
・学習の「なぜ」は、レッスン内容に関与する複数の手段を学生に提供することが必要になります（学習に対する子供の動機づけと関与：例えば、コンテンツをテーマ性のあるものにする、関連性のあるものにする、子供の好みに合わせて魅力的にする）（CAST, 2018b）.

つまり、子供がどのように学ぶか、この３つの領域にわたって、レッスンプランの中で選択肢を計画し提供したいのです。

図 1　学習のためのユニバーサルデザイン（CAST, 2018b）

5.　ゲームにおけるインクルーシブ教育の実用的な例

以下は、インクルーシブな教育学的アプローチでゲームを教えることができる3 つの実践的な例です。これらは完璧なレッスンプランではなく、インクルーシブな視点でゲームを設計する際にどのような決断ができるかを示す例です。ゲームの種目は、フリスビー（バックハンドスロー）、サッカー（パスとトラップ）、バスケットボール（ドリブル）です。

技能の選択肢は、それぞれのゲームの中の文脈を通して埋め込まれています。特定の子供のために、規則や設備、その他のものが規定されているわけではありません。子供は、特定の状況で意思決定を下すことで、学習プロセスにおけ決定権を持つことが奨励されます。例えば、障害があるため特定のペースで参加する必要がある子供や、さまざまな理由（よく眠れなかった、前日に足首を捻った、友人と一緒にプレイしたいなど）で子供はプレイのペースを選択できます。これらをゲームで用いるには、授業計画の段階ですべての生徒を考慮し、適切な選択肢（例：道具、ルール、プレイのペース）がすべての生徒に提供される必要があります。このアプローチは、体育でのさまざまなゲーム、ルール、道具を標準化し、子供のゲームへに参加しやすくするのに役立ちます。また、このアプローチは、伝統的なアプローチが技能の高い人を優遇するという印象を払拭するのにも寄与します。

種目：フリスビー（バックハンドスロー）

体育館にある6つのステーションをローテーションで回ります。各ステーションには、子供がフリスビーを使ってねらい楽しい的があります。各ステーションでできるだけ多くの回数を投げ、命中した的の数を記録します。		
複数の表現手段	用具 大きさ、質感、色、感覚的な特徴を変える	フリスビー、布製フリスビー ビープフリスビー ディスクゴルフ用ディスク 紙皿 光源が点滅するフリスビー フラフープ パイロン、コーン、ボーリングピン、写真
	指導 五感に訴えかける	ゲームや技能について口頭での指導 デモンストレーションを見せる（子供または教師による） バックハンドスローの行ない方のポイントが書かれたポスター バックハンドスローのデモ動画 必要であればバックハンドスローの具体的な直接指導
複数の行動・表現手段	ルール 選択と柔軟性を可能にする	ソロ、ペア、トリプル、少人数・大人数で参加する ステーションは3分後に回転する 子供は各ステーションでターゲットとの距離を選ぶことができる すべてのステーションが終了した後、子供は好きなステーションにローテーションすることができる。
複数の関与手段	学習環境 子供を惹きつける選択肢を提供する	集中しやすいように気をつける T2が、サポート ゲーム中に使う用具を変えることができる 各ステーションには、子供の出身地の名前が書かれている ステーションやターゲットには、その都市/町のイメージが次々と映し出される

種目：サッカー（パスとトラップ）

体育館は3つのエリアに分かれています。第1エリアはハイペースの競技、第2エリアは一般的なペースの競技、第3エリアはスローペースのエリアです。チームは、ボールを保持し、相手チームにインターセプトされないように、チーム全員の間でパスを成功させると得点になります。パスをミスした場合、パスのカウントはリセットされる。		
複数の表現手段	用具 大きさ、質感、色、感覚的な特徴を変える	•サッカーボール1号、2号、3号、4号、5号サイズ •ゆっくり動くサッカーボール •ベルサッカーボール •バレーボール、ビーチボール、フォームボール •ライトドッジボール
	指導 五感に訴えかける	•ゲームや技能について口頭で指導する •デモンストレーションを見せる（子供または教師による） •パスとトラップの行ない方のポイントが書かれたポスター •パスとトラップのデモ動画 •必要に応じてパスやトラップなどの具体的な直接指導
複数の行動・表現手段	ルール 選択と柔軟性を可能にする	•2人、3人、または小〜大グループでプレイする •各エリアで3分ごとプレイする •3つのエリアでは難易度が異なる •各エリアに2チームずつ入り、プレイする
複数の関与手段	学習環境 子供を惹きつける選択肢を提供する	•集中を妨げるものをなくす •Teがサポートする •各ラウンド終了後にエリアを移動し、ボールを変更できる •さまざまな言語で得点を数える（子供が知っている外国語で得点を数える）

種目：バスケットボール（ドリブル）

体育館の中をドリブルで移動し、自分のボールをコントロールしながら、他の子供のボールをカットしていきます。体育館には障害物が設置されており、子供たちは他の子供たちと一緒に移動しなければなりません。		
複数の表現手段	用具 大きさ、質感、色、感覚的な特徴を変える	•1、2、3、4、5 号バスケットボール •ベルバスケットボール •サッカーボール •バレーボール、ビーチボール、テニスボール •ライトドッジボール •ベンチ、マット、バレーボールネット
	指導 五感に訴えかける	•ゲームや技能の口頭での指導 •デモンストレーションを見せる（子供または教師による） •ドリブルの行ない方のポイントが書かれたポスター •ドリブルのデモ動画 •必要に応じてドリブルの具体的な直接指導
複数の行動・表現手段	ルール 選択と柔軟性を可能にする	•ソロ、ペア、大グループで参加する。 •1 ラウンド 3 分 •競争のレベルが変化する •各ラウンドで、子供は選択する • 他子供のボールをカットした回数と、自分のボールがカットされた回数を数え、その差が得点となる（自分がカットした数 - 自分のボールが倒された回数＝得点） • 自分のボールがカットされた回数を数える
複数の関与手段	学習環境 子供を惹きつける選択肢を提供する	•集中しやすいように気をつける •仲間がサポートする •ゲーム中のボール交換が可能 •子供は、重要なアイテム（自分のボール）を持っていて、それを取られないようにしながら、他のアイテム（他のボール）を奪う必要があると言われる。 •各子供の多文化的な要素を盛り込む： • レッスンテーマに言語、祝日、歴史、ゲーム、伝統的な遊びを盛り込む

【参考文献】

Austin, David, and Youngkhill Lee. (2013) Inclusive Special Recreation: Opportunities for Diverse Populations to Flourish. Sagamore Publishing.

The Center for Applied Special Technology (CAST). (2018a) About. Retrieved from www.cast.org/our-work/about-udl.html#.WukPFdMvxME

The Center for Applied Special Technology (CAST). (2018b) Universal Design for Learning guidelines, version 2.2. Retrieved from http://udlguidelines.cast.org

Florian, Lani, and Mhairi Beaton. (2018.) "Inclusive Pedagogy in Action: Getting It Right for Every Child." International Journal of Inclusive Education 22 (8): 870-884. doi: 10.1080/13603116.2017.1412513

Gay, Geneva. (2009) Foreword to Diversity and Education: Teachers, Teaching, and Teacher Education, by Richard Milner, xv-xxvi. Springfield: Charles C Thomas Publisher.

Kasser, Susan. 1995. Inclusive Games. Movement Fun for Everyone! Human Kinetics.

Ladson-Billings, Gloria. 1995. "Toward a Theory of Culturally Relevant Pedagogy." American Educational Journal 32 (3): 465-491. doi: 10.3102/00028312032003465.

Lieberman, Lauren, and Cathy Houston-Wilson. (2017) Strategies for Inclusion: Physical Education for Everyone. Human Kinetics.

Patey, Matthew, Yeonkyoung Jin, Byoungwook Ahn, Weon-Il Lee, and Kyoung June Yi. (2019) ""For Everyone, but Mission Impossible" Health and Physical Educator's Perspectives on Inclusive Learning Environments." Journal of Physical Education and Sport 19 (4): 2477-2483. doi: 10.7752/jpes.2019.04376.

Patey, Matthew, Yeonkyoung Jin, Byoungwook Ahn, Weon-Il Lee, and Kyoung June Yi. (2021) "Engaging in Inclusive Pedagogy: How Elementary Physical and Health Educators Understand Their Roles." International Journal of Inclusive Education. doi: 10.1080/13603116.2021.1916102.

Whitehead, Margaret. (2010) Physical Literacy: Throughout the Lifecourse. 1st ed. Abingdon: Routledg.

あとがき

本書は、日本の学校体育におけるゲーム・ボール運動・球技の指導に貢献できる内容を海外の研究者と協働して作成した書籍です。共同編者となっているKaren Richardson先生と私は、10年以上にわたり、研究上の交流を重ねてきました。Richardson先生は、何度も日本を訪問しており、数多くの日本の体育授業を参観し、日本の体育の現場について深く理解しています。また、Richardson先生には、私が主催するグローバル授業研究会で、日本のゲーム・ボール運動・球技の授業を協議する際に繰り返しコメンテータを担当して頂いております。

さらに、私は現在、Game Based Approach（GBA: ゲーム中心の授業づくり）を国際的に先導する学会組織であるAIESEP TGfU SIGのLeadership Fellow兼国際諮問委員（日本代表）を務めており、数多くの海外の研究者と交流する中で、これらの知見を日本の学校体育に還元させていきたいと考え、本書を企画しました。

本書は15章構成となっており、そのうちの半数以上の10章が海外の研究者によって執筆されています。しかし、これらの章は単なる翻訳された原稿ではなく、Richardson先生と私で、日本の先生たちの授業改善に資する内容構成について時間をかけて話し合った上で、原稿依頼を行いました。すなわち、海外の研究者も含めて、日本のゲーム・ボール運動・球技の指導を担う教員の為に書き下ろした章になります。そのように執筆された原稿を日本国内のゲーム・ボール運動・球技の研究に精通した研究者に翻訳してもらい、内容を整理しています。このように世界の研究者が協働して日本の実践者の為に作成されたのが本書です。

編集にあたっては、現代の教育動向を踏まえつつ、GBAの原理・原則を大切にしながら、「明日からの授業改善」に活かすことができる内容にするように構成と内容を工夫しています。本書を参考にしてGBAの授業づくりを楽しんでもらえれば幸いです。

なお、本書の出版企画に賛同してくださり、編集で大変お世話になりました創文企画の鴨門様にはこの場を借りて心より感謝申し上げます。本書が、新しい時代のボール運動・球技の指導を支える知を学校教育という場にもたらすことを期待しています。

2024年5月

編者：鈴木直樹

【著者・訳者紹介】

■著者

Karen Richardson（Bridgewater State University, USA）……はじめに・第 7 章

鈴木直樹（東京学芸大学）……第 1 章・あとがき

Misti Neutzling（Bridgewater State University, USA）……第 2 章

TENG Tse Sheng（PESTA, Singapore）……第 3 章

Deborah Sheehy（Bridgewater State University, USA）……第 4 章

Heidi Bohler（Westfield State University, USA）……第 4 章

Tim Hopper（University of Victoria, Canada）……第 5 章・第 10 章

栗田昇平（大阪体育大学）……第 6 章

石井幸司（宇都宮大学）……第 8 章

羽石架苗（Western Colorado University, USA）……第 9 章

滝沢洋平（大阪体育大学）……第 11 章

Yogesh Chander（Sports University of Haryana, India）……第 12 章

Nahuel Varela（National University of La Matanza, Argentina）……第 13 章

Jenna Fisher（West Chester University of Pennsylvania, USA）……第 14 章

Liz Dlugolecki（West Chester University of Pennsylvania, USA）……第 14 章

Matthew Patey（Bridgewater State University, USA）……第 15 章

Kyoung June (David) Yi（University of Manitoba, Canada）……第 15 章

■訳者

鈴木直樹（東京学芸大学）……第 2 章・第 3 章

栗田昇平（大阪体育大学）……第 4 章・第 5 章

滝沢洋平（大阪体育大学）……第 7 章・第 10 章

石井幸司（宇都宮大学）……第 13 章・第 15 章

羽石架苗（Western Colorado University, USA）……第 12 章・第 14 章

「ゲームデザイナーとしての教師」による
ゲーム・ボール運動・球技の指導
—国際的な視点から日本のボール運動・球技指導を再検討する—

2024年6月28日　第１刷発行

編　者　鈴木直樹、カレン・リチャードソン
発行者　鴨門裕明
発行所　㈲創文企画
〒101－0061 東京都千代田区神田三崎町3－10－16 田島ビル2F
TEL：03－6261－2855　FAX：03－6261－2856
http://www.soubun-kikaku.co.jp
装　丁　オセロ
印　刷　壮光舎印刷㈱

ISBN 978-4-86413-191-9